स्मृति के वातायन

आचार्य जानकीवल्लभ शास्त्री

वाणी प्रकाशन

प्रकाशन के उत्कृष्टतम 61 वर्ष

सजिल्द पहला संस्करण : 2024

vaniprakashan.com

वाणी प्रकाशन

4695, 21-ए, दरियागंज, नयी दिल्ली-110 002

फ़ोन : +91 11 23273167, 23275710

शाखाएँ

अशोक राजपथ, पटना-800 004, बिहार

कॉफ़ी हाउस कैम्पस, महात्मा गांधी मार्ग, प्रयागराज-211 001, उत्तर प्रदेश

महात्मा गांधी अन्तरराष्ट्रीय हिन्दी विश्वविद्यालय, वर्धा-442 001, महाराष्ट्र

sales@vaniprakashan.in
vaniprakashan@gmail.com

Smriti ke Vatayan
by Acharya Janaki Vallabha Shastri

ISBN : 978-93-6287-238-8
Memoir

मूल्य : ₹ 425

जी.एस. ऑफसेट द्वारा दिल्ली-110 095 में मुद्रित

वाणी प्रकाशन का लोगो मक़बूल फ़िदा हुसेन की कूची से

आधुनिक हिन्दी-साहित्य
के
कूटस्थ महाकवि
श्री सुमित्रानन्दन पंत
के
अप्रतिम सौन्दर्य्य-शिल्पी,
सत्य-धर्मा, शिव-योगी,
प्रशान्त—तेजस्वी,
गतिशील-चिरन्तन
प्रबुद्ध कर्तृत्व को—

लय

कोई-कोई बात अपनी गुलगुली उँगलियों से कुछ यों छू देती है कि मन उस छुअन तक फैलता चला जाता है। ढेर सारी बातें ऐसी ही होतीं तो आदमी का मन जाने कितना बड़ा होता !

कोई-कोई बात अपने नोकदार नाखून यों चुभो देती है कि मन उस चुभन के गिर्द गोल-गोल घूमने लगता है। जिंदगी की सारी बातें सुइयाँ-ही-सुइयाँ होतीं तो मन का मनका आप फिरता रहता।

पर, दरअस्ल, ऐसा कुछ है नहीं। तभी मन गहरे पैठता है; ऊँची उड़ानें लेता है। किसी से अटकता, कहीं भटकता है। किसी की तरफ ढलता तो किसी से खट्टा या मोटा होता है।

किसी की आँखों में नींद का खुमार अच्छा लगता है तो किसी का जरा-जरा-सी बातों पर तिनक जाना; तैश में आ जाना। बात पर बात आ गई, कह दी, यही मेरी सखुनसाजी का राज है। जिसके खरीदार हुए, उसी के हाथ बिक गए, यही कला। तभी मन गुम-नाम या नामवर के मुँह देखे के मानदण्ड का कभी कायल न रहा।

भ्रमपूर्ण विह्वलता इन अटपटी स्मृतियों की सहज ध्वनि है। सौन्दर्य-प्रतियोगिता के प्रतिमान अवान्तर स्वरों के समारोह, बाह्य उपकरणों के समवाय पर अधिक बल देते हैं, आभ्यन्तर समग्रता पर कम। यह परम्परित रचना-विन्यास नहीं कि मैं पलस्तर किए हुए प्रतिमान का मुँह जोहूँ ! यह अप्रकाशित उच्छ्वास किसी बहु-प्रकाशित विश्वास का पिष्टपेषण नहीं, आत्म-विभोर वेदना का आनन्द-प्रकाश है। एको रसः करुण एव। एक अव्यक्त क्रन्दन जो

अन्तस्तल में ही उमड़-घुमड़ कर स्तब्ध न रह सका, मर्म की गम्भीरता को किन्हीं मस्तीभरी मुस्कानों से बहका कर जाने कहाँ-कहाँ भटकाता फिरा।

कैसी भी संकीर्णता कला के मूल्य या महत्त्व की प्रतिबद्ध बाधा है। उदात्त कला संकीर्णताओं के खंडहर में ही सर्वप्रथम अपना जयघोष निनादित करती है। नाद और स्वर की लपट और लपट उठाते हुए अक्षर जब अपना अक्षय्य प्रकाश फैलाते हैं तब क्षयिष्णु अन्धकार के सहारे भ्रान्त दायरे देर-देर तक नहीं टेरते रह सकते। आलोक-परिधि व्यापकता का कलात्मक प्रभाव प्रकट करती है, टूटन और बिखराव का सीमान्त-कैतवी परिवेश नहीं सिरजती।

मन को छूनेवाले रूप और स्वर सदा एकरूप, एकरस रहें, संभव नहीं। कभी वे ऐसे भावों से भर देते हैं कि पलकें झपकना भूल जाती हैं; रक्तकण आनन्द-छन्द में नाच-नाच उठते हैं। और कभी-कभी वे ऐसा अवसाद बटोर लाते हैं कि सारे रास्ते अँधेरे में मुँद जाते हैं और हम मुँह जहर किए बुझी हुई ज्योति में निश्वास का वृत्त बनाते खड़े रह जाते हैं।

शून्य और पूर्ण प्रत्येक के लिए एक नहीं। हम जिन्हें शुद्ध और विकृत स्वर कहते हैं, अभ्यास में, दोनों को एक-सी शुद्धि की अपेक्षा है। कुण्डल शुद्ध सुवर्ण का विकार है। हर अलङ्कार विकार है। ऐसे में शुद्ध सुवर्ण क्या करे? कहाँ दिल पकड़े फिरे? लोग-बाग तो विकार पर ही जान देते हैं। हिरनौटे और खरगोश की कुलाँच और छलाँग पर कछुए की नजर फिसलती है? सच तो यह कि गरज गाँठने के लिए सतह का छुटपन गहरे उतर कर बड़प्पन बन जाता और सतही बड़प्पन टप-से गहराई को कुरेद कर सुरंग बनाता और पाताल के पोलेपन पर टेसुए बहाने लगता हैं।

बादल सब दे डालता है, सागर सब संचित करता रहता है। एक ऊपर से चलकर ऊसर उर्वर के तल तक पहुँचता है, दूसरा थोड़ी-सी तल-छट उछाल देता और खुद जहाँ का तहाँ बना रहता है। जो देना नहीं जानता, जाने क्यों, चर-अचर—सब उसी के आस-पास आत्मदान के लिए चक्कर काटते रहते हैं और जो आत्म-अनात्म

के चक्कर में पड़े बिना ही अपना सरबस सौंप देता है, उसे फूँक मार कर उड़ा देने की हौंस लिए जब देखो तब, हवा का एक हल्का-झीना झोंका भी 'हटो, बचो' का शोर मचाता चला आता है। कहते हैं, यहाँ का बाबा आदम ही निराला है। भाड़ में भड़भड़ाते शब्दों के लावे तबीयतदार रेत की तपन बुझाते है और तपौनी का गुड़ खाए लोग फाँड़ा बाँध कर मीन-मेख निकालनेवालों का कचूमर निकालने निकल पड़ते हैं।

स्मृति की पदध्वनि सब समय सुर-लय से बँधी हुई ही नहीं होती। सब निराला और महादेवी-से सधे, सुरीले होते तो सुर-ताल सुनने के लिए असुर-बेतालों के गिरोह में कौन शरीक होता!

कोई स्मृति सान्ध्य गगन में म्लान किरणों से गुँथी मेघ-माला-सी गैरिक उदासी सुलगाती है तो कोई प्रात-वात से कम्पित चम्पक-लता-सी सुरभित सपनों के गुच्छे झुलाती है। ऐसी कोई स्मृति नहीं जिसकी पगध्वनि सन्नाटे में न सुन पड़ी हो; जिसने अँधेरे से आँखें न आँजी हों; उषा की ज्योति में होंठों पर रंगारंग तस्वीरें न आँकी हों।

स्मृति के वातायन से छन कर आए हुए मानस-मूर्च्छना के इन सात सुरों में 'पितृदेव' (सन् '४८ का) और 'उदयशङ्कर भट्ट' अन्तिम (सन् '६८ का) है। 'अजन्ता की ओर' सन् '५७ में, 'निराला का प्रथम दर्शन' सन् '६० में और शेष सब '६१ से '६३ के दर्म्यान लिपिबद्ध हुए हैं। दर्द गाना आसान भी हो, उसकी स्वरलिपि तैयार करना मुश्किल काम है। कण, मीड़ और गमक के संकेत यों भी पर्याप्त नहीं, फिर ताल की जरबें स्वरों के आन्दोलन के वक्त भी बेचैन किए रहती हैं,—राग-रचना कितनी कठिन है! सवाल इल्मी इस्तिलाह का नहीं, गो उसे भी नजरअन्दाज नहीं किया जा सकता, जीवन के रस को आत्मा का रूप देने की बेकली का है—। एक राग की सौ स्वरलिपियाँ हो सकती हैं,—मेरा कोई दिलख्वाह दावा नहीं कि उसके सबूत में कुछ पेशेवर गवाह पेश करूँ,—

जाहिदे-गुमराह के मैं किस तरह हमराह हूँ,
वह कहे अल्लाह 'हू' औ' मैं कहूँ : अल्लाह हूँ।

जिसे मैं चाहता हूँ, वही यह नहीं है, मगर, ईमान का तकाजा है, खामियों के खौफ से मैं इसे अस्वीकार नहीं कर सकता।

निराला निकेतन,
मुजफ्फरपुर (बिहार)
श्रीकृष्ण जन्माष्टमी,
१५ अगस्त '६८

—जानकीवल्लभ शास्त्री

निराला - जयन्ती

(वसन्त-पञ्चमी)

४. २. ६५

निराला-दर्शन | एक

(१)

प्रथम दर्शन

मैंने जंगल में जन्म लेने के कारण रंगारंग फूलों और कँटीली झाड़ियों से दुहरा हुआ-सा पहाड़ देखा था। एक चट्टान से दूसरी पर 'सुन्दरकाण्डी' छलाँग लगाकर भूरी-काली दरारों और ककरेजे कगारों पर बेशुमार फले पके-अधपके झड़बेर लहूलुहान उँगलियों से तोड़-तोड़ कर खाए थे और झर-झर झरते झरने का, ललाई लिए हुए हलका ऊदा पानी पिया था और किसी छतनार पेड़ की झीनी-झीनी छाँव में लेटा-लेटा वन के पंख-पखेरुओं का कलरव सुना था। चिरौंजी और करौंदे के उजले-पीले फूलों की खुशबू से भीनी-भीनी हवाओं के झोंके झेले थे; कंकड़-पत्थरों से फिसल-फिसल कर हौले-हौले बहते इन्द्रनील जल की कल-कल ध्वनि से चिर-रीते प्राणों को सहलाया था और उस विराट के रू-ब-रू खड़ा होकर अपना बौनापन भी मापा था। हाँ, मैंने तुर्श बालपन में ही नर्म-दिल पहाड़ देख लिया था।

किशोर-वयस के छिछलेपन ने उद्दाम लहरों के करिश्मे नहीं दिखलाए, समुद्र की गहरी हरी आत्मा के दर्शन कराए थे। संकल्प-विकल्पों का उखाड़-पछाड़, कच्ची भावनाओं की बेतरतीब बिछी सख्त सीपियाँ, गीली कल्पनाओं की पथरीली परछाइयाँ, छिपकली की तरह चट्टान की काली गोलाई से चिपकी, सुबह-शाम की ठंडी धूप की सिकी टुच्ची-खुरची अनुभूतियाँ! मैं लहरें—बेकली की धड़कनें गिनूँ? स्मृतियों के भँवर में चक्कर काटूँ? हथेली

पर ठोड़ी टिका कर शून्य का सन्तुलित अस्तित्व निहारूँ ? गले में पत्थर बाँध कर अनमिल अनथाहे में फाँद पड़ूँ ?––सोचते-सोचते आँखें मिच जातीं, होंठ भिच जाते; तभी तरङ्गों पर तैरती हुई हवा गले को गुदगुदाती और जैसे तार सप्तक पर छलछलाती हुई हँसी बहार के स्वरों में फूट पड़ती और सिकुड़ी शिराओं में कसमसाता-सा आवेश बुद्‌बुदों में रूपायित होने लगता। हाँ, मैंने किशोर वय में ही, सूखे तन से, समुन्दर में गोते लगा लिए थे।

किन्तु सन् '३५ में जो देखा,––वह पहाड़-सा ऊँचा समुद्र और समुद्र-सा गहरा पहाड़, उसके खुरदरे सपने भी उनींदी पलकों में कभी नहीं आए थे। वह अनदेखा अनगढ़-विराट निराला था।

वर्ष पर वर्ष बीतते गए। पहाड़ की गहराई थाही न गई; समुद्र की ऊँचाई मापी न जा सकी। मैंने बारहा कोशिश की, मगर मुझे कामयाबी नहीं हासिल हुई।........

तब मैं काशी हिन्दू-विश्वविद्यालय के प्राच्य-विद्या-विभाग का विद्यार्थी था। बिहार-उड़ीसा भर में सर्वप्रथम होकर स्वर्ण-पदक के साथ साहित्याचार्य की उपाधि प्राप्त कर चुका था। अवस्था अट्‌ठारह-उन्नीस की। दुबला-पतला श्री-हीन तन (तब पसली-उभार दुर्बलता फैशन में न थी।) उलटी पट्टी पढ़ता हुआ मौजी मन; सुई की नाक में ऊँट समोनेवाला, सर-ब-सर अपने ही अँधेरे में डूबा-खोया, 'काकली' का कवि !

रुइया होस्टल के चार सीटोंवाले एक कमरे में चौकी पर चटाई डाल अधलेटा सूखे चने चबा रहा था। बाईं ओर एक बुझा-सा शीशा था और दाहिनी तरफ ताजा खरीदा—'रसगङ्गाधर।' उन दिनों ये ही मेरे तन और मन के आईने थे जिन्हें अक्सर सामने रख कर मैं अपने को लिखा करता था, तभी चने चबाने पड़ते थे—सूखे चने। अब भी वही बेढंगी रफ्तार हैं, क्योंकि लिखने का ढंग अब भी नहीं बदला। तो अभी मैं चने चबा कर चुका ही था कि दो विशिष्ट अपरिचितों ने एक साथ कमरे में प्रवेश किया।

कमरे में चार चौकियाँ थीं। एक सज्जन जो झटपट उत्तर की ओर एक चौकी पर बैठ गए, मझोले कद और गठीले बदन के, कुन्दन के समान वर्णवाले थे। उनकी घनी काली भवें और

बड़ी-बड़ी चमकीली आँखें अपरिचितों के मन में भी सहज ही प्रभाव उत्पन्न करती थीं। अङ्ग-रंग से मिलते-जुलते, रेशमी कुर्ते के हिरणमय आभरण-जैसे आवरण से उनके सत्य का मुँह नहीं ढकता था। प्रतिभा-प्रदीप्त चौड़े ललाट पर चिन्तन की ही दो बहुत बारीक लकीरें थीं। गुलाबी होंठों में पान की लाली रची हुई थी कि जिस पर मन्द-मन्द मुस्कान खेल रही थी। यह था, मगर इसकी लौ बढ़ानेवाले सोज की कमी भी थी, जिससे पलक झपकते ही मैंने समझ लिया था : कवि नहीं हैं।

इसी समय किसी ने कान में कहा—आचार्य नन्ददुलारे वाजपेयी। मैं चकित-चमत्कृत होकर छायावाद के प्रथम समर्थक और समर्थ समीक्षक को आचूल-मूल निहारने लगा। तब तक मैंने 'माधुरी', 'समालोचक' और 'भारत' में उनके कितने ही लेख पढ़ डाले थे और उनका 'साहित्य और जीवन' नामक निबन्ध तो पाठ्य-क्रम में भी था।

तभी दूसरे खड़े के किमाकार व्यक्तित्व की प्रथम रश्मि ने सहसा अपनी ओर आकृष्ट कर लिया। पथरीली छत, जो उनके शिखर-सरीखे सिर से कुछ ही ऊँची थी, से टकरा कर उनकी नजर मेरी फटी चटाई और उससे सटी मेरी दुर्बलता पर पड़ी। मैं जैसे कमरे में चकराई हवा को पकड़ने को कोशिश कर रहा था। मेरी चेतना अनचीते भावातिरेक की लहरों में खो-सी गई थी। उस डोलते हुए पहाड़ और निस्तरङ्ग सागर से अँग्रेजी में आवाज आई कि क्या मैं ही आचार्य जानकीवल्लभ शास्त्री हूँ! मैंने थूक घोंट कर हामी भरी तो दूसरा पुष्प-प्रश्न झरा कि अभी मैं क्या कर रहा था!

मैंने सिटपिटा कर मुदुर-मुदुर ताकते हुए कहा—'जलपान !'

और अभी जो चापुड़-चापुड़ चने खा-फाँक गया था, उसकी सुधि से जैसे मसूड़ों में फँसे हुए कण फूल-फूल गए।

"जलपान ! जलपान क्या ? सत्तू घोला होगा ?"—बाँस की खपचियों की तरह मेरी छाती की हड्डियों में छेद कर सन-सनाती हुई निराली गोली निकल गई। मैंने फटी आँखों जैसे पहाड़ के हरहराते हुए शिखर को देखा : "आप कहीं निराला तो नहीं हैं ?"

वाजपेयी जी ने अनुरूप संकेत दिया। मैं मुँह-ही-मुँह बड़बड़ाया—"तभी !"

और होंठों पर हथेली रख कर खून सुखानेवाली चीख रोक ली। नीत्शे पढ़ा था :

"What is great in man is that he is a bridge and not a goal ;

What is lovable in man is that he is an over going and a down-going;

I love those that know not how to live except as down-goers, for they are the over-goers."

यह अनहोनी क्यों कर हुई ? आधुनिक हिन्दी कविता का प्रतीक-पुरुष खुद चल कर मुझसे मिलने आया है ? वह, जो दकियानूसों की आँख की किरकिरी है; जिसका काव्यामृत उन्हें जहर से भी ज्यादा तीखा लगता है; जिसकी गहरी, तेज और जिन्दा नजर का कायल नया अदब, नया जमाना है, वह इस छोटे-से कमरे में, इस नाचीज के पास ? और, हाय रे, 'आज ही घर में बोरिया न हुआ !'

मैं हड़बड़ा कर उठ खड़ा हुआ। झुककर युग-स्रष्टा के चरणों की धूल लेनी चाही, किन्तु मेरी अञ्जलि उनकी 'दिङ्नागी' भुजाओं से टकरा कर अधबीच में ही बिखर गई।

सीट पर बिछी चटाई के अलावा वहाँ महज एक लोहे की कमजोर कुर्सी थी, जिस पर मेरा जी रखने के लिए भी वह नहीं बैठ सकते थे। खड़े रहे।

मेरी चेष्टाएँ जड़ हो गई थीं। समग्र चेतना जैसे मोरपंखी लोचनों में चमक रही थी। पुरवा के झोंके रोके नहीं रुकते थे; किन्तु निराला के रूखे-सूखे केशों में ही कहीं चंचलता देखी जा सकती थी।

भर्राए कण्ठ से गीला स्वर निकला :

"क्षण भर रुकने की कृपा हो तो मैं जल्दी-से-जल्दी चाय-पान ले आऊँ !"

"नहीं"—निराला ने कहा—"हम अभी डा० पीताम्बर दत्त बड़थ्वाल के बँगले जाएँगे। कोई अड़चन न हो तो आप भी चलिए।"

मैं तुर्त-फुर्त अपना एकमात्र कुर्ता पहनने लगा। निराला 'रसगङ्गाधर' के पेज उलटने लगे।

अकिञ्चनता की छलनी से छनते-छनते कहीं कोई कंचन-कण कढ़ आए, इसी ललक से अपनी उपलब्धि का सारा बल दाँव पर लगाकर बोला, ऐसा, जैसे कोई घास का तिनका बड़ी मौज से टक्कर ले रहा हो!

"आपने तो यह महान् ग्रन्थ देखा ही होगा?"

"नहीं, यह नौसिखुओं के लिए है।"

उनका बेतकल्लुफाना अंदाज काबिलेदाद था। उस अनसुनी आवाज ने मेरी चुँधियाई चेतना को बुरी तरह कोंचा; वह स्वर-लहरी मेरी आस्था की आँकी-बाँकी लकीरों पर घहराने लगी:

"नहीं, ऐसा नहीं, इसके पढ़ने-पढ़ानेवाले तो अनामिका की पोरों पर, ताल की मात्राओं की तरह, गिने जा सकते हैं!"—गिटकरी लेकर, दिमाग का अर्क निचोड़ कर, बोलने को बोल तो गया, पर जैसे दिल धड़ककर डूबने लगा।

मेरी वक्र भृकुटि उनकी सरल दृष्टि से सहम कर टूट गई! मेरा कँटीला मृणाल जैसे जम्बाल-जाल में उलझ कर रह गया!! उनके उत्फुल्ल सहस्रदल पर शिशु की-सी शबनमी मुस्कान सज गई!!!

(२)

'सुधा' के सम्पादकीय में कालिदास की कला पर एक टिप्पणी प्रकाशित हुई थी। उसकी भाषा में लालित्य था तो उक्तियों में तीखापन भी। मैंने तिलमिला कर उसका प्रतिवाद लिख भेजा था। निराला ने पहली बार उसी दर्प-डँसे लेख में मेरा अनछपा नाम देखा होगा। टिप्पणी उन्हीं की थी, मालूम होने पर जैसे मेरी विद्या की किश्ती ढलान पर आकर टेढ़ी हो गई; तर्कों के झाईंदार झाग के गिर्द रुक गई।

'काकली' छपी तो उसकी एक प्रति साहस पूर्वक मैंने महाकवि के पास भेज दी, फिर प्रकाश अन्तरिक्ष और पारावार के दिवा-स्वप्नों में खो गया। लहरों के थपेड़ों में बात आई-गई हो गई।

कंकड़ियों पर फिसलते जल की कलध्वनि, सरपत के खनकते पौदों के रन्ध्र से बहती हवा, किरण की तूलिका से आकाश के कन्वास पर अंकित कोमल और गहरी दृष्टि,—सबकी सार्थकता संशय में डूब रही थी कि अचानक एक पत्र आया,—निराला का पहला पत्र :

१३-७-३५

प्रिय बाल पिक,

तुम्हारी 'काकली' नकल नहीं। तुम्हारे जातीय सत्य से पूर्ण, आकाश और पृथ्वी को मिला रही है। इसमें मैं अपने तारुण्य की नयी पहचान पाकर चकित हो गया; देर तक मुग्ध होकर सुनता रहा।

मैं अन्यत्र, किसी पत्रिका में इसकी चर्चा करूँगा।

तुम्हारा
"निराला"

फिर-फिर घिर-घिर आते तिमिर-पट पर एक स्वर्ण छवि-सी विच्छुरित हुई। मन के काँपते मिजराब ने नील गगन के तारों में एक अनसुनी झङ्कार उठाई :—

आएगा, आएगा, वह समय भी आएगा; पहिए के घूमते हुए अरे धुरी-हीन नहीं हैं! मेरे मन का रथ मनोमय दिशा से भटका नहीं है!! यह निरवधि काल मेरे अस्तित्व की आन्तरिकता खोकर आगे न बढ़ेगा!!!

[दूसरा पत्र]

५८, नारियलवाली गली,
लखनऊ
३०-७-३५

प्रिय बाल कवि,

आपकी रचनाएँ स्वाभाविक उच्छ्वास तथा प्रेरणा के अनुसार हुई हैं, इसका साक्ष्य उन्हीं से मिलता है। भावना जैसी

पुष्ट है, गति भी वैसी ही सुघर। मुझे आशा है, आपकी प्रतिभा अच्छे-अच्छे चमत्कार प्रदर्शित करेगी।

मैं कई कारणों से खिन्न रहता हूँ। कुछ-कुछ काम करता जाता हूँ, पर जैसे थक गया हूँ। क्या इधर दो साल तक बाकायदा आपने 'सुधा' देखी है? शायद अब इस नये वर्ष से मुझे विशेष रूप से लिखने का मौका न मिले। कारण, दुलारेलालजी की बहुत-सी बातें मुझे पसन्द नहीं। विशेषांक के लेखकों में उन्होंने मेरा नाम नहीं दिया, यह मुझे आपसे मालूम हुआ। कल उसके सम्पादक चतुरसेन जी टहलते हुए मिले, यह भी पूछ रहे थे कि आपका नाम क्यों नहीं है, आप विशेषांक के लिए क्यों नहीं लिख रहे हैं। पर सत्य यह है कि दुलारेलालजी के माँगने पर बहुत पहले ही 'मित्र के प्रति'—शीर्षक मैं अपनी एक कविता १२० पंक्तियों की (पच्चीस रोज पहले) दे चुका हूँ। फिर भी उन्होंने ऐसा किया। इसके कारण हैं। पर देखा जायगा। मैंने कल उन्हें सूचना दे दी है कि मेरी कविता वह न छापें।

मैंने 'प्रभावती' एक नया, अविज्ञापित उपन्यास लिखा है, ऐतिहासिक रोमांच के रूप में। यहाँ के 'सरस्वती-पुस्तक-भण्डार' से प्रकाशित होगा और जिनके लिए आपने लिखा हैं, पूरा करने की कोशिश करूँगा। कारणों से नहीं पूरा कर पाया।

इस महीने एक लेख मेरा 'माधुरी' के विशेषाङ्क में छप रहा है—'स्वकीया।' 'सरस्वती' को 'श्री सुमित्रानन्दन पन्त' लिख कर भेजा है। 'सुधा' को जो कुछ दिया था, वह वापस ले लिया।

आशा है, आप प्रसन्न हैं। उपदेश के रूप में तो मैं कुछ कह ही नहीं सकता। उपदेश आपको अपने ही भीतर से मिलेंगे, मैं आपको केवल प्रसन्न-वदन देखने की इच्छा रखता हूँ।

सस्नेह

निराला

एक लहर मन की सतह पर उभरी और कुछ लकीरों में ही बिखर कर अन्तर्मन में स्थिर स्मृति बन बैठी। ममत्व-भरा भाव किसी हिमाद्रि, किसी समुद्र के प्रति! मेरे लिए रहस्य कोई उलझन नहीं, अमरवल्ली नहीं, मदहोशी या खुमार नहीं है।

मगर यह तो आज की बात है। इसे उस दिन के मत्थे मढ़ना असत्य के लिए सत्याग्रह करना होगा। उन दिनों निर्मल नील झील में झिर-झिर तिरती तरी-सी जिन्दगी थी जिसे कहीं पहुँचने की जल्दी न थी। उसके लिए एकान्त संगीत अरण्य-रोदन न था। वह शुष्क सिद्धांतों के लिए माथापच्ची करने के बजाय अर्थहीन सरस को तरसती थी।

जैसे 'पैराडाइज लॉस्ट' के कथानक का बहुलांश एक आधिदैविक व्यक्ति ने आदम को सुनाया है, उसी प्रकार कोई एक अनचीन्हा स्वर मेरी अप्रबुद्ध वाणी में उलझ रहा था, और जैसे उस समग्र महाकाव्य में बेचारे सैटन की हार पूर्व-निर्द्धारित-सी है वैसे ही मेरी अर्द्ध-बुद्ध चेतना उस उत्कट नये के ओप-चढ़े आटोप से हार-हार जाती थी।

मेरा किशोर मन लोल हिलोरों में प्रवाहित प्रदीप की भाँति झिलमिलाता रहता। सूने पल दुर्वह भार-से होते; जैसे जुगनू अश्वत्थ की फुनगी छू-छू कर धरती पर गिर-गिर पड़े; जैसे मध्य सप्तक का निषाद एक ही साँस में मन्द्र सप्तक के निषाद पर उतर आए !

एक-एक परत उधेड़ती-सी हवा बहती; गाँठ-गाँठ ढीली पड़ जाती। तभी अन्तरिक्ष और क्षितिज छूती हुई कोई अछूती गूँज सुन पड़ती और मेरे मन का मृग छौना गन्ध-भरी कुलाँच लेता हुआ निस्पन्द हो जाता—

"उलटि पाछिली पैंडा पकड़ों, पसरा मना बटोर,
कहैं कबीर, सुनो भाई साधो, तब पैहौ निज ठौर।

जैसे कैसी भी चटक-सुर्ख तसवीर में उगाया हुआ बिरवा न बढ़ता है, न हवा-पानी बदल जाने पर एक नई कोंपल उगाता या कोई कली चटकाता है, कुछ ऐसे ही मेरे अपरिवर्तित दिन पर दिन बीतते जाते थे। विद्रुम प्रभात या कुंकुमी सन्ध्या का चञ्चा पुरुष पर रंच पर भी प्रभाव नहीं लक्षित होता।

(क्रमशः)

निराला-दर्शन

(क्रमागत)

कोई छवि नहीं खिचती, यों पट अँका-टँका होता।

५८, नारियलवाली गली,
लखनऊ
१४-८-'३५

[तीसरा पत्र]

प्रिय कवि,

मैं बहुत दिनों तक नहीं लिख सका, मेरी कन्या का सत्रह साल की उम्र में, उसी समय देहान्त हुआ था।* आपने ठीक लिखा है: "किन्तु करोषि सदेप्सितमेव।"

आपका विद्यार्थी-जीवन जैसा चमकीला रहा है, मुझे विश्वास है, आपका कवि-जीवन भी वैसा ही होगा। प्रसिद्धि से मनुष्य नहीं, मनुष्य से प्रसिद्धि है।

संस्कृत में आपने जैसा दखल पाया है, हिन्दी में पाने के लिए भी प्रयत्न-पर रहिये, श्रम निश्चय सार्थक होगा।

इस समय अनेक प्रकार की उलझनों में हूँ। यहाँ पं० रूपनारायण जी पाण्डेय, सम्पादक—'माधुरी' संस्कृत जानते हैं। आप यदा-कदा अपने विचार हिन्दी में प्रकट किया कीजिए। 'माधुरी' आपको जगह देगी। दूसरे पत्र भी देंगे। आप विषय को तह तक पहुँचने की कोशिश करते हैं, वही आपको ऊँचाई तक उठायेगी।

---

* फेर दिनों का, कन्या का देहान्त !

अभी तो दूध के भी दाँत नहीं टूटे थे, वह कैसे इतनी दूर अकेली चली गई !

जानता हूँ, तुम निराला हो, बनारसीदास चतुर्वेदी के साहित्यिक सन्निपात से उड़ जानेवाले रुई के पहाड़ नहीं; किन्तु तुम्हारे सात्विक संघर्ष की जोत सरोज को तो फैज न पहुंचा सकी !

मेरी बाँस की छड़ी से समुद्र के तल में खोंच न आएगी ! पूछता हूँ, तुम किसे 'वर्तमान धर्म' समझा रहे थे—आजाद के हत्यारों को या भगत सिंह को खंगाल डालनेवालों को ?

हमारा देश धर्म कमाता है; धर्म बिगाड़ता है। धर्म समझता नहीं है।

कालिदास और श्रीहर्ष के सम्बन्ध में आपने ठीक लिखा है। कभी मैंने भी इन्हें कुछ-कुछ पढ़ा था। समय नहीं कि दोनों की सौन्दर्य-दृष्टि पर लिखूँ। दोनों महान् हैं। पर श्रीहर्ष का प्रभाव अधिक स्थायी होता है; फिर भी कला की जानकारी कालिदास को अधिक है; अगर कुछ गहन होते।

हाँ, 'प्रभावती' कुछ बाकी है। नहीं कह सकता, पूरी खूबसूरत उतार दूँगा। 'अप्सरा' से अलका' जैसे भिन्न है, वैसे ही यह दोनों से। आपको शायद 'अप्सरा' अधिक पसंद है, श्रम 'अलका' ने अधिक लिया।

—निराला

मेरा मन बनजारा न था; अपने लिए कोई घोंसला भी नहीं बनाया था। टिमटिमाते चिराग की लौ अपने ही दायरे में घटती-बढती थी। 'अहं' की कैद किसी फंदे या पिंजड़े की कैद से कम नहीं।

रीतेपन और पूरेपन के भाव जब-तब झटका देकर चौंकाते, मगर मुझे भटकाकर धुँधलेपन में या जोराजोरी जगमगाहट में ले आनेवाला कौन था?

जैसे कल्याण थाट से केदार राग निकाल रहे हों, निराला ने मेरे अबोध अस्तित्व को प्रबुद्ध आत्मीयता दी थी। यों मैं दूसरे रास्ते यात्रा पर अकेला निकल पड़ा था—कालिदास, भवभूति की बारीकियाँ परखता हुआ; शेक्सपियर, रवीन्द्रनाथ के दरवाजे खट-खटाता हुआ।

निराला के पुष्पित पत्र पाकर अमृत आह्लाद जाने किस सविष विषाद की अन्ध गुफा से फूटकर फैल जाता था। किन्हीं अनलखी गहराइयों में कोई ऐसी लीक कट जाती थी जिसके दाएँ-बाएँ फैली निस्पन्द नीरवता को चीरता—स्पन्दित और गुञ्जरित करता हुआ एक-एक पत्र आता था!!

शोध की क्या बात, तब मैं मन के गहन स्तरों को कुछ ऐसी लचीली सतहें ही समझ सकता था जिन पर चाहे हवा खुशबू की तसवीर आँक दे, चाहे कोई दूर-दुदूर की धुँधली-सी गूँज लरजते सुरों की दर्दीली पुकार बन जाए।

एक दिन प्रत्यभिज्ञा-सी हुई—बिम्ब-प्रतिबिम्ब अथवा चित्र, चित्रपट और चित्रकार को अभिन्न माननेवाली शास्त्रीय प्रत्यभिज्ञा नहीं, निरी बचकानी कि गुरुजनों के गद्‌गद स्नेह में आशीर्वाद ही आशीर्वाद रहता है; नजदीकियों में कोइ मेरी छिटफुट किरणों को बादल की झालर की तरह बिन छुए दुलरा देता है; कोई सख्त पपड़ियाँ तोड़ कर सिर उठाए हुए मेरे सुनहले अंकुर में, परिवेश में संभावित 'पीलिया' के सूक्ष्म कीटाणुओं का आभास पा सन्तोष की साँस लेता है। यह अकेले निराला ही हैं जो मुझे जन्मजात वयस्क मानते और लय देख कर उसी से बँधे सुरों में बोलते हैं।

वस्तुतः मेरा बाल मन बालपन की वास्तविकता से प्रसन्न न हो, कल्पित वयस्कता का अतिरञ्जित प्रमाण-पत्र पाकर फूला न समाता था। लेन-देन का लेखा-जोखा रखनेवाले और डंडी मारकर सौदा बेचनेवाले खुद मान-प्रमाणपत्र बटोरते फिरते थे, वे मुझे क्या देते! इस तरह जब दिमाग आसमान पर चढ़ा होता, तब ऐसा नहीं महसूस होता कि मैं किसी के पाँव-तले की चींटी हूँ।

मेरा बचपन फूलों से नहीं तुला, उल्टे काँटों में घिसटा; अब जब ऊँच-नीच सूझने-समझने की उमर आई, चूलें ढीली होने लगीं। मेरी स्थिति पर किसी मगरमच्छ की पलकें पसीजतीं तो मेरा मुँह फक हो जाता। निराला बिसात उलट कर खेल की शुरुआत नहीं चाहते थे, चलती चाल को शह भर दे देते थे। यह जो चलते चलने में कुछ होते चलने का अकल्पित आनन्द था, मेरे मचलते अरमानों को निराला का वहीं निजी दान था।……

पत्र की आन्तरिकता ने मन को मोम की तरह गला दिया। मैं स्वगत बोल उठा :

अरी ओ सुरभारती, साध और साधना के सन्धि-रन्ध्र से फूटती हुई ये अनसुनी ध्वनियाँ सुनीं? एक अनगढ़ पत्थर को शालग्राम बनाने के क्रम में हरहराती हुई प्रखर जलधार तुङ्ग हिमालय-शृंगों सेउतरी है, अनिल में धुली हुई निर्मलता ने कुछ अश्रु-स्नात तुषार-कण तेरे चरणों में अरपे?

मैं शूलों-बिंधे तलवों से धरती की धूल झाड़ता हुआ वीरान पगडंडियों पर तनहा चलता रहा हूँ, आज किसी देवदूत के आकाश-वासी चरण उन पर सहसा अङ्कित हो गए हैं। ओ दरबारियों की रसवंती, अपनी वीणा के निन्दित तार उतार दे, क्षण भर 'प्रिय स्वतन्त्र रव अमृत मन्त्र नव' (नि नि सा म, ग रे सा, प नि सां नि, ध प म प) झंकृत होने दे !

(३)

मेरी अनबटी प्रेरणा कभी तीर-घाट होती, कभी मीर-घाट। ऊँट किसी और ही करवट बैठना चाहता था। यों--

घर हमारा जो न रोते भी तो वीरां होता,
बहर गर बहर न होता तो बयावां होता !

दरअसल तब मेरी अभिव्यक्ति का माध्यम संस्कृत थी। मगर मेरी रूह संस्कृत के दायरे के बाहर भी भटका करती थी। अब इससे बड़ा मजाक और क्या होगा कि तब मैंने अँग्रेजी, बँगला और उर्दू में भी कविताएँ लिखने की कोशिश की थी। अँग्रेजी में निराला पर एक कविता अपनी ही दयनीय स्थिति की ओर संकेत करते हुए, लिखी थी :

You have covered the pond over with a host of golden lilies, that is why its water is growing muddier and mossier day by day.

You have covered the guitar over with a over-flowing stream of heavenly music, that is why its own tame tune is craving for a fine spontaneous flow day by day.

बचपन बचपना ही है। कोई अट्ठारह-उन्नीस की उम्र में सात-सात भाषाओं में तथाकथित 'कविताएँ' लिखकर 'सप्तपर्ण' नाम से प्रकाशित करने का स्वप्न देखे तो उस हवा में गाँठ बाँधनेवाले को पागल करार देने वाले अनगिनत मिल जायँगे, दुर्बलता को दुलराने वाले अकेले निराला थे। यों मेरा संस्कृत का स्वर ही तार सप्तक में था जिस कारण जब कवीन्द्र रवीन्द्र के प्रथम दर्शन हुए थे, तब मुँह से उन्हीं की वाणी नहीं फूटी थी :

"आजि ए प्रभाते रविर कर
केमने पशिल प्राणेर पर ?"

बल्कि विद्यापति के एक छन्द के ढाँचे को तोड़-बिगाड़ कर—जय-देव के उत्स की ओर उन्मुख कर मैंने संस्कृत में ही अपनी गहन गुफा के भर्राए भावों को स्वरित किया था।

उन दिनों हिन्दी में जो लिखता था, वह लगभग अनुकृति की विकृति मात्र होती थी। मेरे हृदय की शिरा-शिरा को खींच, उमेठ, उखाड़ कर जो नहीं कढ़ा, उसे मौलिक कहने की व्यथा कौन झेलता ?

उस दिन घिर-घुमड़ कर मेघ छँट गए थे। नील वक्ष में तड़ित् की कौंध बुझ चुकी थी। ऊँचाइयों पर हहराती हवाएँ धरतीकी सब्ज साँसों में समा गई थीं। मैं होस्टल की सीध में खड़े विशाल बरगदके साए में उदास-खामोश बैठा था। इतने में बूढ़े-बहरे सुन्दरलाल (डाकिए) की चिर-परिचित पगध्वनि सुनाई पड़ी। आज उसकी आड़े-चौताले की चाल ठौर-ठौर थम रही थी। पर इस करीर को पत्र की क्या आस ? आक-जवासोंको जला डालनेवाले मेघ, बता न, मेरा गोधूलि का अन्तर खुली आँखों के जुगनुओं-जैसे झिलमिलाते सपनों से ही क्यों जलता-बुझता रहता है ?

सुन्दर मेरे कमरे के पास ठिठका, कनखियोंसे इशारा किया और मेरी खुली हथेली पर एक बन्द लिफाफा रखकर परे सरक गया।

वही लिखावट; वही सुडौल, खिले अक्षर; दूर से चलकर आने पर भी गजब की ताजगी !

[चौथा पत्र]

५-६-३५
५८, नारियल वाली गली
लखनऊ।

प्रिय बाल कवि,

आपको देर से लिख रहा हूँ। आपकी कविता इसीबार 'माधुरी' में निकलेगी, मुझे पाण्डेय जी ने ऐसा कहा था। उसे प्रथम पृष्ठ पर

देते, पर कुछ बड़ी है, इसलिए अन्यत्र देंगे। आपकी कविता मुझे बहुत पसन्द आई। लेख भी अच्छा है। आप बहुत सुन्दर लेख लिखते हैं। आपको हिन्दी में भी नाम करना होगा। क्योंकि यहाँ गुञ्जायश ज्यादा है। आपको सिद्धि भी हो सकती है, मुझे ऐसा विश्वास हुआ।

मैं ६-७ रोज के अन्दर एक बार काशी जाने वाला हूँ। गया तो आपसे मिलूँगा।

मैंने रायकृष्णदास जी के भारती-भण्डार को 'गीतिका' दे दी है। उसी के सम्बन्ध में प्रयाग तथा काशी जानेवाला हूँ। पाण्डेय जी का पत्र आपको मिला होगा। इसी बारह तारीख के बाद मैं यह मकान छोड़ दूँगा।

आपका
'निराला'

'आपसे मिलूँगा !' पर मिलने के योग्य आयोजन कहाँ है ? अस्फुट कल्पनाएँ पत्रपुटों में भरा कीं, अकारण झर पड़नेवाले आँसुओं के फूल तो नृम्ण और तेज के काव्य-पुरुष के सम्मुख कोरों में ही कुम्हला जाएँगे।

पत्र की आवृत्ति ने शिशिर-भीरु मन को सहसा अनन्त बसन्त-वन में बदल दिया। आशङ्का की गोधूलि अक्षर नक्षत्रों से सज गई। आँखों के पर्दे में हिमालय के स्वर्णाभ शृङ्ग उभर आए। सागर का फेनिल नील वक्ष उच्छल हो उठा।

और अभी ९-९-३५ को अकस्मात् वही कविसम्राट् एक अज्ञात बालकवि से मिलने के लिए स्वयं चलकर छात्रावास के प्रकोष्ठ में आ गया है।

जीवन के अनन्त अभावों के एकीभूत भाव का यह घनाघात ! ये चीख-सी तीखी अवाक् किलकारियाँ ! !

काल, पल भर अपना प्रखर प्रवाह निविड़ आनन्द के कगारों से बँध जाने दे ! देश, अपना अखण्ड प्रसार इस पथरीली छत के नीचे के आकाश में क्षण भर सिमट जाने दे ! !

मैं अपने उन्मत्त हृदय की यह अननुभूत वेदना तेरे हवाले न

करूँगा! आनन्द के इस नील नभ लोहित किरण की तीक्ष्णता मैं हवा को न चुराने दूँगा!!

अरी ओ मिट्टी, तेरी उर्वरता की सौगन्ध, मैं आनन्द के ये अश्रुकण यहाँ-वहाँ नहीं बिखेरूँगा।

अरे ओ आकाश, तेरी नीरवता की शपथ, मैं इस क्षण की सघन समग्रता को युगों तक संजो-जुगो कर रखूँगा।

यह अनाघ्रात वेदना किन्हीं गीत-स्वरों का व्यञ्जन बनेगी! यह अनास्वादित आनन्द किन्हीं छवियों का बन्दी बनेगा!!

(१)

अन्तिम दर्शन

ऊँची-ऊँची लाल-हरी फुनगियों पर पिछले पहर का सूरज हल्के पाँवों उतर रहा था। पत्तियों के गुच्छों में डूबी हुई कोई-कोई किरण दिए की झिलमिलाती लौ की तरह रह-रह कर लहक उठती थी। कोई एक फुनगी से दूसरी तक फैलकर फूल-फूल जाती तो कोई एक नए साँचे में पिघल कर ढल जाती थी।

एक सूरज, हजार किरणें, अनगिनत नक्काशियाँ! एक निराला, प्रखर प्रतिभा के अनेक उन्नत-स्तर, अद्भुत अभिव्यक्ति की अनेकानेक प्रतिष्ठित-प्रायोगिक विधाएँ!

बाईस अप्रैल, उन्नीस सौ इकसठ : दिन के तीसरे पहर मुजफ्फरपुर से इलाहाबाद जाने के लिए बनारस पैसजर में बैठा था। तेईस को रात साढ़े नौ बजे रेडियो-कवि-सम्मेलन था। इधर बहुत दिनों से इलाहाबाद नहीं गया था; निराला के दर्शन नहीं हुए थे।

आनेवाली पीढ़ियाँ निराला को आधुनिक हिन्दी-साहित्य का सूरज-चाँद या क्या समझेंगी; उनके अभिज्ञान के माध्यम कुछ समकालीनों के राग-द्वेष-भरे विष-बुझे लेख होंगे या एकमात्र उन्हीं पर लगभग सभी समकालीन सुकवियों और महाकवियों द्वारा लिखी गई शत-शत कविताएँ? मैं क्यों सोचूँ? हमारी पीढ़ी का क्या यही सौभाग्य कम है कि हम उनके साक्षात् दर्शन कर सकते हैं!

बादल-राग के दर्शन; करुण-कोमल, दुर्वार जलधार बरसते हुए; इन्द्रधनु की भावभीनी रंगीनियों से तरङ्गित; प्रशान्त-प्रतप्त हृदय के शोणित में वज्र-गर्जन और विद्युत्-वह्नि सँजोए हुए,— बादल-राग के दर्शन !

बिच्छू की पूँछ-सी आधुनिक सभ्यता, विषधर की चाल चलनेवाली राजनीति, हाथी-दाँत को सोने से मढ़वानेवाला समाज और अकेला डंक-फुफकार झेलता, सोने का जहर पीता हुआ दिगम्बर निराला !

इधर धनी पत्रों में निराला के भग्न-विपन्न चित्र प्रकाशित होते, उन्हें देखता और मचल-तड़प कर रह जाता। ·· ····

काशी में निराला की स्वर्ण-जयन्ती आयोजित हुई थी। आचार्य नन्ददुलारे वाजपेयी संयोजकों में थे। मैं दोनों ओर से आमन्त्रित था। गया। समारोह में शाब्दिक पक्ष प्रबल रहा और आर्थिक दुर्बल, तो ऐसा होना स्वाभाविक ही था।

आचार्य नरेन्द्रदेव का उद्घाटन-भाषण मार्मिक और चिर-स्मरणीय था। श्रीमती सुभद्राकुमारी चौवान का आन्तरिक उल्लास छलका पड़ता था। यह सब था; किन्तु निराला को न पूर्व-विज्ञापित थैली भेंट की गई थी और न अभिनन्दन-ग्रन्थ ही अर्पित किया गया था। मुजफ्फरपुर लौट आया, पर यह दुःखद व्यंग्य हर घड़ी आँखों में फिरने लगा। हवा में जैसे कुछ होंठो में कहता, फिर अपनी बेबसी में ऐंठ-ऐंठ कर रह जाना पड़ता।

वे दिन मेरे कठिन संघर्ष के थे। अन्धे महीनों में कभी-कभी कोई सूर्योदयी दिन निकल आता था। इस बार जब ओस के मोती चमके, मैंने भावाभिभूत होकर स्वयं हजार पृष्ठों का एक विशाल समीक्षात्मक ग्रन्थ सम्पादित और प्रकाशित करने का सजल संकल्प कर लिया। प्रकाशन के लिए कलकत्ते के आचार्य परमानन्द शर्मा ने पाँच-छह सौ रुपयों की अपनी सारी की सारी जमा-पूँजी दे दी; कुछ कालेजों में भाषण-प्रवचन कर सौ-दो-सौ रुपए मैंने भी इकट्ठे किए; श्री रत्नेश्वर चौधरी 'रत्नेश' और

श्री 'दिवाकर' साहित्याचार्य ने कुछ रुपए एकत्र कर मेरा उत्साह बढ़ाया। उन दिनों फेयर मार्केट में कहीं कागज नहीं मिलता था, दूने-तिगुने दाम देकर पूरे बारह सौ रु० का कागज खरीदा और जोर-शोर से छपाई का काम शुरू हो गया। महापण्डित राहुल सांकृत्यायन, आचार्य हजारीप्रसाद द्विवेदी से लेकर पण्डित जगन्नाथप्रसाद मिश्र तक हिन्दी के सभी श्रेष्ठ समीक्षकों से निबन्ध लिखाए थे। संचित पैसे तो कागज पर खर्च हो चुके थे, पर प्रेस से ठहरी थी, मैं प्रतियाँ बेच-बेच कर आहिस्ता-आहिस्ता छपाई-बँधाई के कुल पैसे चुका दूँगा।

मगर सारे अरमान मन में ही मचल कर ठंढे हो गए। घर से शैल की माँ—देवी चन्द्रकला के (चेचक से) आकस्मिक स्वर्गवास का तार आया और यहाँ प्रेस के मालिक गुजर गए।

फिर क्या, मेरी अर्थहीन साधना जलकर खाक हो गई, क्योंकि छापाखाने के नए मालिक ने पूरे पैसे लिए बिना अब और एक फर्मा छापने से भी इन्कार कर दिया था, छपे फर्मों की छपाई के पैसे तुरत माँगे थे और न दे सकने पर मुझे इजलास में खड़ा कराने की धमकी भी दी थी।......

गाड़ी हाजीपुर का लम्बा पुल मद्धम रफ्तार से पार कर रही थी। सारी देह पहले ही गर्द-बर्द हो चुकी थी। इस घड़ी दुहरी ध्वनि-प्रतिध्वनियों से कान के पर्दे फट रहे थे।

कान के पर्दे फटा किए; देह गर्द-बर्द हुआ की; और जिंदगी की गाड़ी पन्द्रह वर्षों तक पुल पर पुल पार करती रही।

आचार्य शिवपूजन सहाय ने 'हिमालय' से 'साहित्य' तक में उसके सम्बन्ध में बहुत-कुछ लिखा। आचार्य नलिनविलोचन शर्मा ने पटना के दो-एक प्रकाशकों से बातचीत भी की, मगर नतीजा कुछ न निकला। मेरी सात्त्विक साधना की होली जल गई। प्रेस ने शेष पाण्डुलिपियों-समेत सारे छपे फर्मे नष्ट कर दिए।

दास्तां उनकी अदाओं की है रंगीं, लेकिन—
उसमें कुछ खूनेतमन्ना भी हैं शामिल अपना!

ललौंही स्याही और मटमैली सफ़ेदी में शाम ढल गई और अपने पीछे एक दर्दीला आनन्द छोड़ गई। गाड़ी की रफ्तार में उड़ता-उड़ता-सा सप्तमी का चाँद जैसे अधखुली खिड़कियों के सबब आधा-आधा दिखता था। कल्पना का कलरव धँसी पड़ती जनता के भैरव रव में डूब गया। छपरा आ गया था।

अपने ही ठाँव बैठा-बैठा मैं न जाने किस अनजाने देश में भटकता रहता हूँ। चिर-निरानन्द मुख पर सुख-दुख की रेखाएँ खिचती-पुँछती रहती हैं। मन जैसे मुलायम रेत और खुरदुरे पत्थर के नुकीले टुकड़ों से गुजरा हो, हिम-डूबे शिखरों और धुन्ध-भरी घाटियों की सैर कर आया हो; डूब-उतरा कर किनारे लगा हो!

पेड़ों की सर्द सायँ-सायँ को गर्म धुएँ की धार से टुकड़े-टुकड़े करती हुई गाड़ी भागी जा रही थी। देखते ही देखते पूरब की क्यारी में बादलों के बहुरंगे फूल खिलने लगे। जमी-सी चेतना पहले पिघली, फिर उबलने लगी। वाल्ट ह्विटमैन की एक लम्बी कविता—Song of myself ने रात की चन्द्र-तारंकित परम्परा को धो डाला। मैंने धूल-पसीना झाड़-पोंछकर मुँह साफ किया, फिर प्रबोध की अँगड़ाई लेता हुआ उठ खड़ा हुआ : वाराणसी!

प्रयाग पहुँचते-पहुँचते लगभग बारह बज गए। बैशाख का महीना, फिर रविवार। दुपहर का सूरज नील निर्जल ताल में स्वर्ण नीरज-सा खिला हुआ। आकाश-पाताल में भावात्मक एकता-सी स्थापित करती हुई धूल कि जिसमें उक्त रक्त-कमल का राग-पराग मिला हुआ।

"मैं समझता हूँ, कलाकार की मौलिक प्रतिभा से प्रेरित समीक्षा तो रचनात्मक हो सकती है, परन्तु परम्परित समीक्षा-पद्धति से प्रेरित प्रतिभा अपनी मौलिकता पर कम ही कायम रह पाती है।

आचार्य शुक्ल को पाने के लिए कितनों को अपनी-अपनी कृति की प्रकृति के सर्वथा विपरीत प्रकृति-वर्णन में प्रवृत्त होते देखा था; नंगी आत्मनिष्ठता को लोकमङ्गल के आदर्श पर श्वेताम्बरी प्रवचन पिलाते सुना था। बला से ईमान के कान कट गए, उनके नाम तो इतिहास में दर्ज हो गये!

"मैं कहता हूँ, आलोचक हँसता रहे और वर्ड्सवर्थ लूसी को हिम-समाधि में विलीन हो जाए तो कैसा हो !

"कलाकार के लिए समकालीन समीक्षा सर्वथा श्रेयस्कर ही नहीं होती। उन सौभाग्यशालियों को तो अपवाद समझना चाहिए जो अपनी सुरक्षा के लिए एक नया इतिहास ही लिख-लिखा लेते हैं।

"मैं नहीं जानता, निराला अपने किसी भी आलोचक के एप्रोच के कायल रहे। ऐसा होता तो उन्हें अपनी कला पर आप क्यों लिखना पड़ता ? यह भी नहीं कहा जा सकता कि उनका लिखा हुआ किसी आलोचक की दृष्टि में कोई अर्थ रखता था। रखता होता तो उन्हें उनका प्राप्य क्यों नहीं मिलता ? क्यों इतिहास दरबारी-सरकारी तुक्कड़-भाटों तक के गुण गाता और अपने युग-प्रतीक काव्य-पुरुष को अनायास छोड़ देता ?

"महान् काव्य-स्रष्टा निराला ही क्यों, नए गद्य के असामान्य प्रयोक्ता जैनेन्द्र और अज्ञेय को भी तो एकदम कम प्रतीक्षा नहीं करनी पड़ी थी ! तो क्या कोरी आवृत्ति न कर, सृष्टि करने के लिए नए दायित्वों से प्रेरित प्रत्येक प्रतिभाशाली कलाकार को प्रर्याप्त समय तक सामान्यों (mediocres) के दल-बद्ध दण्डकारण्य में निर्वासित रहना पड़ता है ?

"अच्छा, कोई निराला या अज्ञेय की तरह इस हद तक मौलिक स्रष्टा होने का जोखिम उठाता ही क्यों है ? अजनबी और अटपटा न लगने के लिए वह सपाट क्यों नहीं लिखता ? नए तथ्य को नई रागात्मकता देकर परम्परित संवेदनाओं को उलझाने-सुलझाने में वह क्यों अपना जीवन खपा देता है ? यह रक्त-गत मौलिकता साहित्यिक पत्रकारिता को विरक्त बनाती है ! एक-एक परत में नए-नए अंकुर संजोए हुए स्रष्टा मस्तिष्क को विक्षिप्त कहा जाता है ! ... ..."

लू से लिपटी हवा झंझा के पंजे मरोड़ रही थी। मेरा रिक्शा बेतहाशा दारागंज की ओर भागा जा रहा था। अधूरे, अतृप्त और विश्रृंखल विचारों का बवंडर-सा उठ रहा था मन में :

"निराला ने अतीत से विद्रोह किया: अपनी रुचि का नया वर्तमान गढ़ना चाहा; क्षमता की भट्ठी में प्रतिभा को पिघलाया; नित

नए साँचों में ढ़ाला; पर नतीजा क्या निकला ? रचना के कुछ गुलाब खिले और जिंदगी की डाल काँटों से लद गई। माना, कला छिछली न रही, पर जीवन के प्रवाह में तो भँवर बन ही गए।

"निराला ने दर्प से दर्द सहा; शून्य को शक्ति बना डाला। कला उनकी वेदना के निगूढ़ दंशन से निश्शब्द अर्थवती हो गई है। निश्शब्द अर्थवत्ता ही निराला की कला है।

"लिखनेवाले ऐसा भी लिखते हैं कि बुनियादी तालीम भारी पड़े और कुछ ऐसे भी लिखनेवाले होते हैं जिन्हें पढ़ते वक्त वर्षों का अध्ययन-मनन अत्यन्त अपर्याप्त प्रतीत होता है। 'वेस्टलैण्ड' कैसा है ? फिर संस्कार की समस्या सामने आती है। अध्येता के बौद्धिक परिवेश का सर्वे कर लेने पर गलत एप्रोच की बात पहेली नहीं रह जाती। मछुए और कलाकार एक ही दृष्टि से समुद्र को नहीं देखते।

"चाँद में धब्बा है, मगर हर धब्बेदार को तो चाँद नहीं कहते।"

लू के झोंकों से आँखें चुँधिया गई थीं। बदन पर धूल की परतें बिछी हुई थीं। देखी तो झाड़ दी। आँखों में जरूर रह गई होगी, कितनों ने झोंकी है, यों धो-पोंछकर मैंने वह सारी धूल मिट्टी कर दी है।

रिक्शे से परिवेश की निस्तब्धता पढ़ता हुआ वह अनचीन्हा फासला तय किया जो इस गली के ताजा अंधेरे और जर्जर प्रकाश ने सिरजा था।

निराला समाधि में थे;—योग ने समाधि को बुद्धि का एक स्वाभाविक धर्म माना है। बुद्धि किस भूमिका में थी,—क्षिप्त, मूढ़, विक्षिप्त, एकाग्र या निरुद्ध— कौन कहे ?

अधखिली मुस्कान रेखाओं में उलझी थी, संभव है, वहें आनन्दानुगत समाधि में कह रहे हों :—

अट नहीं रही है !
आभा फागुन की तन
सट नहीं रही है !!

मगर मेरा मिथ्याज्ञान आत्मा में शरीर, इन्द्रिय आदि का अध्यास कर रहा था :

मैं न रहूँगा जब, सूना होगा जग,
जानोगे तब, यह मङ्गल कलरव सब—
था मेरे ही स्वर से सुन्दर, जगमग,
चला गया सब साथ !
याद रखना इतनी ही बात ! !

गिरि-निर्झर की खोज में लू और बवंडर को पार कर पहुँची हुई पलकों को कहीं ठंडक नहीं मिली। यहाँ तो जैसे समस्त एषणाओं की चिता चुन दी गई थी। अब धधकते हुए अंगारों पर झीना-सा धुआँ फैला हुआ था जिसके गिर्द एक परिणत शिशु के खिलौने टूट-फूट कर बिखर गए थे।

निराला सिद्धि के विषम पथ के काँटों से बिंधे हुए बदन को कषायित साधना से ढके हुए सिद्ध पुरुष-से प्रतीत हो रहे थे।

वह एक ऐसे अटूट विश्वास के समान जान पड़ते थे जो किसी अपरिचित वाणी के माध्यम से ठीक-ठीक प्रकाश में न आ सका हो।

कालिदास कहते :

यूथानि संचार्य रवि-प्रतप्तः
शीतं गुहास्थानमिव द्विपेन्द्रः !

कि अपने झुण्ड के साथियों को आगे बढ़ाकर चिलचिलाती धूप के सबब कोई गजराज ठंडी गुफा में सुस्ता रहा है !

किन्तु मुझे निराला एक ऐसे आश्रम-मृग के रूप में दिखलाई दे रहे थे जो अपने यूथ से बिछुड़कर किसी सरकारी चिड़ियाखाने के भोले-भाले भेड़ियों से घिर गया हो !

कौन जाने, निराला मेरा अनुमान जानकर यह कहते : जाहिद के खयाल में मैं मस्त हूँ, और काफिर के खयाल में खुदा-परस्त। इस तरह बैठे-बिठाए कुछ समझदार आदमियों की गलतफहमियों का शिकार हो गया हूँ। काश, किसी ने मुझे सही समझा होता !

मगर ऐसा हो सकता तो वह नुमायश के बाजार में सजते क्या नहीं? उनके साथ वह सलूक क्यों होता, जो आए दिन होता रहा? क्या कभी उनके दिल में नुमायाँ होकर निकलने का चाव न रहा होगा? नहीं तो वह दहकती हुई आग में क्योंकर कूदे?

निराला ने करवट बदली। दरअसल वह कभी भी एक करवट नहीं सोए। दुर्घट घाटियों में भटकती हुई रूह को कभी गुलगुला गलीचा मिला ही नहीं। "परस्परं भावयन्तः" का व्यावहारिक दर्शन भूल जाने के कारण हेलमेल वाली मुक्ति उन्हें न मिली। न कभी विश्वविद्यालयों में घूमे, न घटक निहोरे, न अकादमी का मुँह जोहा। जो किसी की नहीं सुनता, कोई उसकी क्यों सुने? यहाँ कोई फिफ्टी-फिफ्टी पर लूट-खसोट का सौदा करे तो मालामाल हो।

देखा, जिस चेहरे पर कभी सुर्खी बिछलती थी, वह वनफूल-सा डंठल पर ही मुरझ गया था। रंग उड़ गए थे' एक धुँधला-सा खाका बच रहा था। मगर जिसके सारे मनसूबे मिट्टी में मिल गए, उसके मुख की एक-एक रेखा में ऐसी सजीव शान्ति कैसे विराज रही थी?

दाह नहीं, मोह नहीं, श्रम नहीं, क्लम नहीं, ग्लानि नहीं :—

अरे, यह तो रण-यज्ञ-विरत गाङ्गेय की उदात्त शान्ति है! जैसे प्राण पावक-शिखा के समान मूलाधार से स्वाधिष्ठान, मणिपुर से अनाहत, विशुद्ध से आज्ञा और फिर उससे भी सहस्रार की ओर क्रमशः उठते जा रहे हों!

जैसे एकायन में लीन, स्थूल से सूक्ष्म और सूक्ष्म से सूक्ष्मतर भावों को प्राप्त करने के क्रम में पिछले सोपानों को चुपचाप छोड़ते आ रहे हों!

यह शान्ति किसी ऐसे की नहीं है जिसे योग के सिद्ध न होने पर कर्म और ब्रह्म—दोनों से च्युत होने का भय हो, न किसी ऐसे की है जिसे इसका शीतल अनुताप हो कि कैसी कृच्छ् साधना को कैसी छूँछी सिद्धि!

ऐसा प्रतीत होता था कि यह अमर गन्धर्व इस समय सुरों की समर-भूमि में अलक्ष्य को लक्ष्य कर अपने अन्तर्दीप्त प्राणों के वाण छोड़ रहा है :

पत्रोत्कण्ठित जीवन का विष बुझा हुआ है,
आशा का प्रदीप जलता है हृदय-कुंज में,
अन्धकार-पथ एक रश्मि से सुझा हुआ है,
दिङ्-निर्णय-ध्रुव से जैसे नक्षत्र-पुंज में !

लीला का संवरण-समय फूलों का जैसा—
फलों फले या झरे अफल पातों के ऊपर !
सिद्ध योगियों-जैसे या साधारण मानव
ताक रहा है भीष्म शरों की कठिन सेज पर !

स्निग्ध हो चुका है निदाघ, वर्षा भी कर्षित,
कल शारद कल्य की, हैम लोमों आच्छादित,
शिशिर भेद्य, बौरा वसन्त आमों आमोदित,
बीत चुका है दिक्‌चुम्बित चतुरङ्ग काव्य, गति-
यतिवाला, ध्वनि, अलङ्कार, रस, राग बन्ध के
वाद्य छन्द के। रणित गणित छुट चुके हाथ से–
क्रीड़ाएँ व्रीड़ा में परिणत। मल्ल मल्ल की
मारें मूर्च्छित हुईं। निशाने चूक गए हैं।
झूल चुकी है खाल, ढाल की तरह तनी थी।
पुनः सवेरा, एक और फेरा है जी का।*

पाप-पुण्य से परे, विमन-वितृष्ण यह अलिप्त-अपरिग्रही आत्मा।—जरूर इस अश्वत्थ की जड़ आसमान के ऊपर और शाखें जमीन के अन्दर हैं। आनन्द का कोई एक अदृश्य उद्‌गम भी अवश्य है, रक्त, स्वेद, अश्रु-जैसा चिर-परिचित भर नहीं; शान्ति का कोई एक अलक्ष्य स्रोत भी अवश्य है, अपनी जीत और पराई हार-जैसा तीव्र और तात्कालिक मात्र नहीं।

मैं विषण्ण-प्रसन्न, विस्मित-सस्मित मुद्राओं में पल भर उन्हें निहारता रहा। देवासुर-संग्राम में ऊँचे उत्साह और अचिन्त्य शक्ति से सीना ताने खड़े योद्धा का यह विरल विश्राम कैसा शान्त-पावन था।

यों निराला बिकाऊ बैल की तरह खरीदार की खोज में कभी सरेबाजार खड़े न रहे। भटकी भेड़ों को झटपट अपने रेवड़ में मिला

* **महाकवि निराला की अन्तिम कविता।**

लेनेवाले किसी गड़ेरिए ने कभी उनकी तरफ ताकने की भी हिमाकत नहीं की। किसी राममूर्ति ने भी उन्हें झटके से टूट जानेवाला धागा न समझा। जरखेज जमीन में ठोसपन के बीज डालनेवाले किसी बागी बागवान ने भी उन्हें छुईमुई का पौदा न माना। बेठिकानों को ठिकाने लगानेवाला कोई कुशल व्यवसायी भी उन्हें अपने सरकारी सहायता-प्राप्त अनाथ-साहित्याश्रम के लिए फुसलाकर न फाँस सका। किसी वक्त वह किस्मत आजमाई करने तनहा निकले थे, आज भी अकेले ही 'सोनार तरी' की प्रतीक्षा में औघट घाट पर बैठे हैं। जिन्दगी की तमाम खुशियाँ लुट जाने दीं, पर अपने निराला नाम को बट्टा न लगाया।

निराला आकाश-खण्ड-सी विशाल आँखें मलते हुए उठ बैठे। हिन्दी से कतरा रहे थे। कभी संस्कृत, कभी अंग्रेजी और कभी उर्दू में बोल रहे थे। अतिरिक्त प्रसन्नता छलकी पड़ती थी। मैं निर्वाक् था,—क्या यही निराला अस्वस्थ और असन्तुलित हैं?

काफी देर तक तरह-तरह की बातें करने के बाद ठीक उसी टोन में, जिसमें वर्षों पहले बनारस या लखनऊ में बोलते थे, बोले—'चलो, तुम्हें घुमा लाएँ!'

अरे, पत्रों में पढ़ा था, निराला चल-फिर नहीं सकते, फिर यह क्या?—मैं उधेड़बुन में था, निराला छड़ी लेकर आगे-आगे चलने लगे। चक्करदार गलियों का व्यूह पार कर अपने चिरंजीव श्री रामकृष्ण त्रिपाठी के वहाँ पहुँचे। बाजा निकलवाया। दरबारी कान्हड़ा, केदारा, इमन कल्याण, तिलक कामोद, दुर्गा, शङ्करा आदि में अपने कितने ही नए-पुराने गीत गाए, फिर रवीन्द्रनाथ के गीतों से पूर्णाहुति की। लौटे तो रैक से किताबें निकाल कर कभी मिल्टन और कभी कालिदास की कविताएँ सुनाते रहे। मैं जैसे भावातिरेक में गल रहा था: कविता, कविता और फिर कविता! कविता के प्रति यह अनन्य निष्ठा, यह सम्पूर्ण समर्पण, यह आत्म-विलयन! क्या यही "लैहौं मैं करवट-कासी" है?

जिसने व्यक्ति को जलाकर व्यक्तित्व निखारा; कवि को मार कर कवित्व का स्तर ऊँचा किया, उसे उसके किए का भरपूर फल मिल गया। फलसफा बदल गया है, अब कवित्व पीछे रहता है,

कबि आगे; व्यक्तित्व जहन्नुम के पुरोव अँधेरों में भटकता है, व्यक्ति बहिश्त के मजे लूटता है।

मैं जाने को हुआ तो निराला ने रोक लिया : नेतु टूट रहा है, कौन जाने, प्रवाह किस भटके क्षण में से चुपचाप बह निकले।....

....जो फूल तोड़े नहीं जाते, वे भी टूट जाते हैं।...

....बहुत के चक्कर में न रहो, जो हो, ठीक हो !...

...आग जब जल मरती है, किसी से कफन नहीं माँगती, उसकी अपनी ही राख कफन बन जाती है !...

निशा-विहङ्गिनी के डैनों की फड़फड़ाहट सन्नाटे को चीरती रही; नक्षत्रों का करुण आलोक अन्धकार की अधमुँदी पलकें टटोलता रहा। फिर अर्थ-हीन पार्थिव कोलाहल से अन्तरिक्ष का पूर्वी द्वार खुल गया। किरणवीणा से टोड़ी की धुन छन-छन कर आने लगी।

ओस-कणों से भीगी कहीं दूर खिले फूलों की गन्ध लिए हवा उड़ती-उड़ती आ गई।

निराला जग गए थे : रात जल्दी ढल गई ! मुझे तैयार देखकर बोले ; अच्छा, देखो, अब कब.......

आज पहली बार चरण छू सका। अन्तिम बार प्रत्युत्तर में वही सहज स्वर सुना :

"नमोनम !"

कुछ दिनों बाद व्यथित पृथ्वी और मथित आकाश ने वही स्वर भारी गले से दुहराया।

अमृतपुत्र कवि, यशःकाय
तव जरा-मरण-जित्
स्वयं भारती से तेरी
हत्-तन्त्री भङ्कृत !'

—श्री सुमित्रानन्दन पन्त

कठपुतली

—डा० उषा कश्यप

"क्या सोच रही हो बीना ? देखो, तुम्हारी चाय भी ठंडी हो गई।" सीमा ने बीना के कन्धे पर हाथ रखते हुए कहा।

"कुछ नहीं, बस यूँही" बीना ने यंत्रचालित ढंग से कप उठाया और सजल नेत्र झुका लिए।

सीमा जानती है बीना का दुःख, उसकी अन्तःपीड़ा। वह क्या, बीना के सभी आफिस के साथी समझते हैं उसका दुःख, लेकिन चन्द सांत्वना के शब्दों के अतिरिक्त वे उसे क्या दे सकते हैं ? आखिर बीना बच्ची तो नहीं, नादान भी नहीं। पैंतालीस पार कर चुकी है। चाहे कद-काठी छोटी है, गोरी व पतली-दुबली है। घर में वही 'गुड्डी' है, लेकिन सचमुच में गुड़िया तो नहीं। बचपन से रखे गए नाम की काल्पनिक दुनिया के सहारे तो जीवन नहीं बिताया जा सकता।

"बीना हर कोई इस संसार में जाने के लिए आता है। फिर तुम्हारे पिता जी पिछले दो साल से बिस्तर पर ही थे। अच्छा ही है कि उन्हें इस जीवन से मुक्ति मिली।" सीमा बीना के दर्द को हल्का करने का प्रयास कर रही थी।

"हाँ, शायद ठीक ही कह रही हो तुम। पर बहुत अकेलापन लगता है।" अतीत जैसे स्वप्न की भांति गुजर गया। माँ का साया तो तभी उठ गया जब वह कालिज में थी। बीस वर्ष गुजर गए जब पिता जी ने यह मकान बनवाया था। तब वह पच्चीस वर्ष की थी और अपनी यह सर्विस करते हुए चार साल गुजरे थे। कितना शौक था उसे मकान सजाने का, फुलवारी लगाने का। अपने पैसों से नित नया सामान ला कर ड्राइंग रूम में रख देती। चार भाइयों की अकेली बहन,—घर भर की लाडली। बड़े भाई नाइजीरिया में थे। देवेश भाई सरकारी मकान में अलग रह रहे

थे। एक भाभी साथ थी और छोटा भाई मुकेश मजाक करता, "गुड्डो दीदी, तुम्हें तो ससुराल जाना है। वहीं का घर सजाना।"

"तू ज्यादा न बोला कर। यह घर मेरा भी है। मैं नहीं जाने वाली कहीं।"

समय हर वर्ष दस्तक देकर जाता रहा पर उसे अपनी उम्र के बढ़ने का अहसास ही न हुआ। उसका विवाह हुआ। डोली में विदाई भी हुई। विवाह के बाद पति के आकस्मिक निधन के उपरान्त दोबारा पिता के घर में लौट आई। अधेड़ावस्था भी आ गई वह गुड्डो ही बनी रही। अब तो आँखों के आस-पास काले घेरे बन गए हैं। चेहरे पर लकीरें पड़ने लगी हैं। कहते हैं कि उम्र के साथ-साथ परिपक्वता बढ़ती है, निर्णय लेने की क्षमता बढ़ती है, लेकिन वह तो आज भी उतनी ही बुद्धु है जितनी आज से अठारह साल पहले विवाह के समय थी या फिर पच्चीस साल पहले माँ की मृत्यु के समय थी। तब भी वह स्वयं कभी कोई निर्णय नहीं ले पाती थी, आज भी वही स्थिति है। पिता और भाईयों ने जैसे कहा, मान लिया। कभी अपना कोई दृष्टिकोण ही नहीं बताया और न ही कोई इच्छा जाहिर की।

जब पिता जी जीवित थे तो कई बार बहुत क्रोध आता था उन पर—उन्होंने क्यों उसके लिए घर बसाने की व्यवस्था नहीं की? क्या कमी थी उसमें? क्या इतनी बड़ी दुनिया में उसके लिए कहीं कोई एक जीवन साथी नहीं ढूँढ़ा जा सकता था? कभी उन पर तरस भी आता कि वे इस बुढ़ापे में कैसे ये सब करते। दो साल से तो सीमित पक्षाघात के शिकार होकर स्वयं ही बोझ बन गए थे पर आवाज में कड़की थी। कभी-कभी भाइयों पर क्रोध आता। दो तो पहले से ही कटे हुए थे। तीसरे भी पिता जी की बीमारी से घबरा कर नेपाल में पोस्टिंग करवा कर चले गए। जाने से पहले एक चाल चल कर अपनी साली को ही छोटे भाइ के विवाह के लिए प्रबन्ध कर दिया। मुकेश ने और पिता जी ने भी यह सोचकर हाँ कर दी कि सेवा भाव वाली लड़की है। कुछ ही महीनों में उसके तेवर चढ़ गए थे। ननद नौकरी करती है तो वह उसकी नौकरानी तो नहीं जो उसे नाश्ता टेबल पर दे, लंच

पक कर के दे और वृद्ध बीमार व चिड़चिड़े बाप की सारे दिन सेवा करे। पिता जी जल्दी ही समझ गए थे कि इसके साथ निभाना असम्भव है।

पिताजी ने मन ही मन संकल्प कर फोन करके देवेश को बुला लिया जो अब तक सरकारी मकान में अपने परिवार के साथ अलग रह रहा था। पिता जी ने उससे वादा लिया था कि वह वीना को जीवन भर अपने साथ रखेगा। सबसे छोटी भाभी को मकान की उपरी मंजिल पर भेज दिया गया था। देवेश अपनी पत्नी और दो बच्चों के साथ नीचे पीता जी व वीना के साथ रहने लगा। देवेश की पत्नी तो दूर सर्विस होने के कारण सुबह सात बजे निकल कर शाम को सात बजे ही पहूँचती। पिताजी का दिन भर बच्चों पर चिल्लाना बढ़ गया था। वीना को पिता जी का यह निर्णय ठीक नहीं लगा था दिखावा था यह कहना कि वह वीना को हमेशा अपने साथ रखेगा। पुत्र मोह और उसे अपनी जायदाद में हिस्सा देने के उद्देश्य से ही बुलाया था उन्होंने। शायद वह यह कभी न समझ पाती लेकिन सीमा ने समझाया था उसे।

सीमा ही तो उसकी निकटतम मित्र थी। अधिक व्यावहारिक अधिक कुशल, अभावों के जीवन के अनुभवों से परिमार्जित; जिसने अपना जीवन साथी चुनने का निर्णय स्वंय लिया था और ससुराल की विपरीत परिस्तिथों में अपने पति को अलग घर बसाने के लिए विवश किया था। अब तो अपने ही बच्चों व पति के साथ प्रसन्न थी। उसका खिलखिलाता चेहरा व जीवन के प्रति एक निश्चित सुदृढ़ दृष्टिकोण वीना को बहुत भाते थे। यह शायद मानव मन की कमजोरी है कि जो गुण उसमें नहीं लेकिन उनकी वह इच्छा रखता हो वही गुण दूसरे में मिले तो दूसरा या तो बहुत अच्छा लगता है या फिर उससे ईर्ष्या होती है। वीना को सीमा का जीवन साथी चुनना और उससे भी बढ़ कर ससुराल के फिलाफ बगाबत करना बहुत अच्छा लगा था।

अभी कुछ महीने पहले नेपाल से रमेश भाई भी दिल्ली में आ गए। पिताजी के मकान में अब उनके लिए स्थान नहीं था। अपनी

साली को घर में लाकर पूरे मकान पर कब्जा करने की योजना विफल हो चुकी थी। शायन देवेश भाई के आने की सूचना मिलनें पर ही फिर से दिल्ली में ट्रांसफर ले लिया था। अब कौन डेढ़-दो हजार रुपया महीना किराए का खर्च करे, पिता के मकान पर तो उनका जन्मसिद्ध अधिकार है। सामान आंगन में रखवा दिया तो पिताजी ने आदेश दिया कि ऊपर के कमरे में सामान रखवाओ। ऊपर तो उन्हीं की साली थी। उसने अपना सामान एक कमरे में समेट लिया था। वे तो बड़े मकान में रहने के अभ्यस्त थे अब एक कमरे में कैसे गुजर करें। बच्चे भी बड़े हो गए थे। पिताजी से दबे स्वर में कहा तो उनका स्पष्ट उतर था--पैसा लगा कर अपनी मंजिल बना लो।

सभी अपने स्वार्थों के लिए कार्यरत थे। शायद सीमा ने ठीक ही कहा था कि वह भाइयों व भाभियों की स्वार्थों की चक्की में पिस रही है। भाइयों के बच्चे 'गुड्डी बुआ' से आए दिन नई-नई चीजें मंगा लेते। किसी को उसके भविष्य की, उसकी इच्छाओं की परवाह न थी। सब अपनी-अपनी गृहस्थी में व्यस्थ थे।

एक महीना पहले पिताजी की हालत बिगड़ने पर नाइजीरिया वाले भाई को भी सूचित कर दिया गया था। नर्सिंग होम से तीन दिन बाद उनकी छुट्टी कर दी गई थी। अब चारों भाई इकट्ठे थे। पिताजी की आँखों में गर्व की स्पष्ट झलक थी। अन्त समीप था। स्वर अस्पष्ट हो गया था लेकित संकेत यही था "मेरी गुड्डी का ध्यान रखना।" वीना जब तक घर में रहती पिताजी के सामने न जाती क्योंकि आँसू थमने का नाम ही नहीं लेते थे। भाई उसे ऑफिस जाने को कहते।

एक दिन आत्मा का पक्षी पिताजी के शरीर से उड़ गया तो निर्जीव शरीर के निकट सब रोए थे। वह भी बहुत रोई थी। धीरे-धीरे आँसू शुष्क हो गए थे। पन्द्रह दिन की छुट्टी के बाद वीना ने ऑफिस ज्वाइन किया था। अभी चार दिन ही गुजरे थे कि घर लौटने पर चाय पीते समय फोन उठाया तो कोई रमेश को बुला रहा था। रमेश भाई कुछ ही शब्दों के माध्यम से बोल रहे थे, "पन्द्रह नहीं, कम से कम सौलह जरूरी है। फांउनडेशन स्ट्रांग हैं। डबल स्टोरी कंस्ट्रक्शन हैं। अच्छा कल दस बजे आना।"

"किस का फोन था रमेश ?" वीना ने पूछा

"गुड्डी दीदी, एक प्रापर्टी डीलर से मकान का वैल्युएशन कराया था। यहाँ सब का गुजारा नहीं हो पाता न।"

वह भौंचक्की रह गयी थी ! इस मकान को बेचने का निर्णय हो चुका है और उसे कानों-कान खबर तक नहीं। उससे पूछने में सार्थकता ही क्या है ? वह निर्णय लेने का अधिकार तो रखती ही नहीं। वह जीवन भर कठपुतली की तरह ही नाचती रही। सारी रात सोचते-सोचते बीत गई। नींद कोसों दूर भाग गई थी। जब तक ऑफिस पहुँच कर सीमा को सारी बातें नहीं बताई तब तक एक बोझ सा लगता रहा। सीमा ने तुरन्त कहा," अब तुम्हें अपने बारे में स्वयं निर्णय लेना पड़ेगा। यदि वे मकान बेच रहे हैं तो पांचवें हिस्से का हक तुम्हारा है। तुम अपना हिस्सा लेकर अपने लिए अलग फ्लैट ले सकती हो।"

"लेकिन भाई क्या सोचेंगे। बहन हमसे हिस्सा मांग रही हैं। मेरे लिए तो पिताजी ने देवेश भाई से वादा लिया था कि वे हमेशा मुझे साथ रखेंगे।"

"ठीक है जैसी तुम्हारी इच्छा। अकेले रहने से तो अच्छा ही है पर लगता है कि तुम्हारे भाई पिताजी की मृत्यु की ही प्रतीक्षा कर रहे थे। इतनी जल्दी सब तय हो गया।" सीमा के स्वर में कटाक्ष था।

शाम को घर लौटी तो देवेश भाई बच्चों के साथ खेल रहे थे। गुड्डी को आते देखा तो चाय बना लाए। इधर-उधर की बातचीत के बाद बोले "गुड्डी मकान का सौदा पन्द्रह लाख में तय किया है। चारों भाई अपने अलग-अलग फ्लैट ले रहे हैं। चार लाख से भी कम मिलेगा जबकि आजकल एल० आई० जी० फ्लैट ही कम से कम पांच लाख रुपये का हैं। मुझे तो एम० आई० जी० फ्लैट लेना पड़ेगा। एक बैड-रूम तो तेरा होगा न। छह-सात लाख अरेन्ज करने पड़ेंगे। एक लाख तो मैं और तेरी भाभी प्रोविडेंट फंड से ले लेंगे। एक लाख तू अपने फंड में से अरेन्ज कर दे तो यहीं अच्छी सी सोसाइटी में एक फ्लैट देख लेते हैं।

बीना के कानों में जैसे सीसा पिघल रहा था। उसे अपने भाई के साथ रहने के लिए कीमत चुकानी पड़ेगी। तो क्या सीमा का सुझाव

ठीक था ? कीमत चुका कर तो वह अपना फ्लैट भी ले सकती है तो क्या भाइयों को कह पाएगी कि उसे पांचवा हिस्सा चाहिए ।

शायद हाँ, शायद नहीं ......। उम्र के इस पड़ाव पर नए रिश्ते बनाने के योग्य नहीं तो क्यों न शेष उम्र भी पुरानें रिश्तों के धागों में नधीं कठपुतली की तरह गुजार दे !

उषा कश्यप
C-MO, पुष्पांजली
एन्क्लेव—पीतमपुरा
दिल्ली—३४.

ग़ज़लें

——आचार्य सारथी

(एक)

रात-दिन यूं दुखों को मत पूजो
दर्द के आँसुओं को मत पूजो ।
फूल-घर जो कहीं बनाना है,
नित नई खुशबुओं को मत पूजो ।
आंसुओं से भी बातचीत करो,
रक्तरंजित मुखों को मत पूजो ।
चाँद-तारों से भी लगाव रखो,
धूप के जुगनुओं को मत पूजो ।
नाम पूछो नदी की लहरों से,
सिर्फ प्यासे कुओं को मत पूजो ।
जिन्दगी जंग है, मगर फिर भी,
इस कदर चाकुओं को मत पूजो ।
"सारथी" साधुता रखो मन में,
ढोंग के गेरुओं को मत पूजो ।

(२)

प्रीति का चेहरा है नयनों में,
मीत मुस्का रहा है नयनों में ।

नाम अपनी ही एक चाहत का,
रौशनी से लिखा है नयनों में।
फूल घर है जहाँ उजालों का,
वो नगर बस रहा है नयनों में।
पहली-पहली किसी झलक को ही,
उम्र भर भीगना है नयनों में।
रूप का रेशमी बुलावा है,
इश्क़ का फ़लसफ़ा है नयनों में।
भीगते-भीगते भो हंस देना,
दर्द कुछ गा रहा है नयनों में।
ढूंढता फिर रहा है घर कोई,
एक जंगल उगा है नयनों में !
ज़िन्दगी की धुआ से पाओगे,
रौशनी का पता है नयनों में।
देह की चाँदनी में मत खोना,
रूह का रास्ता हैं नयनों में।
"सारथी" मीर की गजल जैसा,
शायरी का नशा हैं नयनों में।

(तीन)

मत सो चादर तान सारथी।
जलते घर-दालान सारथी।
सूरज को जल देने वाले
खो बैठे पहचान सारथी।
कविताएँ चीखों के घर में,
लगा रही हैं ध्यान सारथी।
सन्नाटे को चीर कभी तो
वनकर तल्ख बयान सारथी।
नित-नित नये तनावों में भी,
मत खोना मुस्कान सारथी।
एक अल्पना के नयनों में,
सुख-दुख भरें उड़ान सारथी।

—1/5786, बलबीर नगर, चौक, शाहादरा, दिल्ली–32

निराला का निरालापन

□ श्री उमाशंकर सिंह

ताले तोड़ने पड़ते हैं—

एक दिन निराला जी के घर पहुँचा तो देखा कोठरी के दरवाजे पर दो-तीन ताले टूटे हुए पड़े थे। मैंने पण्डित जी से पूछा—"ये ताले कैसे टूट गये पण्डित जी ?"

"मैंने ही तोड़ा है" बड़े इत्मिनान से निराला ने कहा।

"क्यों, क्यों, तालों को तोड़ने की ऐसी क्या जरूरत पड़ गई ?"

"क्या करूँ ? ताली गायब हो जाती है' निराला कहने लगे—"वह पत्थर का टुकड़ा रख लिया है। जब जेब में ताली नहीं मिलती तो उसी पत्थर से ताला तोड़ देता हूँ।"

अब मैंने देखा कि टूटे तालों की बगल में एक पत्थर का टुकड़ा भी रक्खा हुआ है। मैंने कहा—"ये तालियाँ गायब क्यों हो जाती हैं ?"

"अब क्या बताऊँ ?" कुछ मायूस से होकर निराला ने कहा।

और तालियों के गायब होने का रहस्य यह है कि कुर्ते की जेब में महाकवि खइनी (खानेवाली तम्बाकू) भरे रहते थे। उसी में ताली भी डाल देते थे। वही कुर्त्ता पहनकर जब घूमने निकलते तो तम्बाकू-वाली जेब में उनका हाथ पहुँचता था और खइनी के मोटे डण्ठल तोड़-तोड़कर वह हाथ जेब से बाहर फेंकने लगता था। इधर महा-कबि अपनी कविता या किसी मूड में रहते। उधर हाथ खइनी तोड़ता जाता। इसी बीच डण्ठल के फिराक में ही वह हाथ ताली भी जेब से बाहर फेंक देता था और घर पहुँच कर निराला देखते कि जेब से ताली गायब है तभी पत्थर उठाकर ताले पर चोट कर देते थे।

× × ×

निराला का जनेऊ—

इसके दो दिन बाद ही निराला जी बनियाइन और लुँगी पहने चाय पीने के लिए सुबह मेरे यहाँ पहुँचे। मैंने देखा, बनियाइन के नीचे एक यज्ञोपवीत भी शोभायमान था। मैंने पूछा—

'आज आपने जनेऊ भी धारण कर लिया पण्डित जी ?"

जनेऊ में बँधी एक ताली दिखाते हुए निराला ने कहा—'हां, यह ताली ससुरी जो बार-बार गायब हो जाती है। अब कहां जायगी।"

"हां, अब कहां जायगी ताली। यह अच्छा किया आपने।" कह कर हम लोग चाय पीने लगे। इसके दूसरे ही दिन महाकवि वही बनियाइन पहने फिर चाय पीने आये। संयोग से उसी समय प० श्रीनारायण चतुर्वेदी (भूतपूर्व शिक्षा-प्रसार अफसर यू० पी०) का आदमी आया और उसने कहा कि चतुर्वेदी जी चाय पीने के लिए बुला रहे हैं। हम दोनों आदमी उनके यहां चाय पीने गये। उनका मकान हमारे बगल में ही है। वहाँ पहुँचने पर देखा, अन्य साहित्यिक भी जुटे हैं। निराला जी को देखते ही चतुर्वेदी जी बोले—"आइये आइये, महाराज ! जरा चाय पी लीजिए।" तब तक मैंने कहा—

"एक नई बात सुनाऊँ भैया साहब, आपको।"

"क्या ?" भैया साहब ने पूछा—(चतुर्वेदी जी को हम सब लोग भैया साहब कहते हैं)।

"अब निराला जी जनेऊ पहनने लगे हैं।"

इतना सुनते ही खुशी के मारे भैया साहब उछल पड़े और कहने लगे—

"हाँ, पंडित जी ! सचमुच !! देखूँ जरा, देखूँ पंडित जी।"

निराला जी ने कहा—"देखिये न !"

यह कहकर दाहिना हाथ गले की तरफ से बनियाइन में डालकर जनेऊ टटोलने लगे। नहीं मिला तो कमर के पास से बनियाइन के नीचे पेट पर हाथ घुमाने लगे। फिर भी जनेऊ का कहीं पता न लगा तो दोनों हाथों कमर के पास बनियाइन पकड़ कर ऊपर की तरफ उसे उठाकर निकाल बाहर किया। फिर भी जब जनेऊ नहीं मिला तो बहुत गम्भीर भाव से निराला ने कहा—

"जनेऊ भी गया और साला ताली भी लेता गया।" इस पर खूब जोरों का ठहाका मचा। असल में हुआ यह था कि सुबह निरालाजी

गंगा-स्नान करने गये थे। वहाँ हाथ ऊपर उठाकर बनियाइन निकाला था। वहीं बनियाइन के साथ जनेऊ और जनेऊ के साथ ताली भी निकल गई थी। फिर स्नान करने के बाद बनियाइन तो पहनकर चले आये थे; लेकिन जनेऊ और साथ में ताली गंगा-घाट पर ही छोड़ आये। नतीजा यह हुआ कि आज फिर निराला को पत्थर से ताला तोड़ना पड़ा। इस प्रकार ताली ने निराला को इतना तंग किया है जितना उनकी कविता के आलोचकों ने भी नहीं परेशान किया था। आलोचकों को तो निराला कसके जवाब भी देते थे; लेकिन ताली तो लाजबाब हो गई थी।

× × ×

"यह फूआ है"—

रामकृष्ण की लड़की, निराला जी की नातिन, जिसका नाम है 'छाया' वह आई हुई थी। उसे एक लाल सिल्क की साड़ी निराला जी ले आये। गलियारे में टहल रहे थे तब तक भंगिन की लड़की आई, कमाने। यह लड़की विवाहिता है और इसके भी दो बच्चे हैं। मगर सदा मैके में रहती है इसी से लड़की ही बनी हुई है। उसे देखकर निराला बैठक में चले आये और भीतर से छाया (अपनी नातिन) को बुलाया। छाया के आ जाने पर उसे भंगिन की लड़की को दिखाते हुए कहने लगे --

"देखो, यह मेरी लड़की है और है तुम्हारी फुआ। इसे प्रणाम करो।"

छाया ने उसे हाथ जोड़कर नमस्ते किया क्योंकि वह अपने बाबा को जानती थी और उसे इतना ज्ञान था कि बाबा का कहना करना ही पड़ेगा।

तब तक बुढ़िया महरी घर का बर्त्तन-चौका करके अपने घर जाने के लिए निकली। उसकी फटी धोती देखकर निराला जी ने मुझे बुलाकर कहा—

"इस बुढ़िया को एक दस रुपए की साड़ी खरीद लाओ। फटी मैली धोती पहनकर घर का काम करती है। जब वह खुद ही मैली रहेगी तो घर का मैला क्या साफ करेगी।"

दूसरे ही दिन बुढ़िया के लिए एक धोती खरीद कर लाना पड़ा। नई धोती पाकर बुढ़िया महरी निराला को आसीसती, खुशी-खुशी घर गई।

× × ×

दो अण्डे और—

उन दिनों श्री सुमित्रानन्दन पन्त की रेडियो में नौकरी करने की बड़ी चर्चा थी। किसी ने कहा कि "पन्तजी को रेडियो की नौकरी नहीं स्वीकार करनी चाहिए।"

कोई कहता—"स्वीकार कर लेने में हर्ज ही क्या है ? बँधा वेतन मिलेगा। खर्च की झंझट से निश्चिन्त होंगे।"

मैंने भी एक दिन निराला जी से कहा—

"पंडित जी ! पन्त जी को तो रेडियो में नौकरी करने के लिए बुलाया जा रहा है।"

बड़े गम्भीर होकर बोले—

"हाँ ! बुलाया होगा। हिन्दी की उन्नति करनी है न ! अब हिन्दी वालों को खाना-खोराक देंगे, लेकिन कोई बहाना लेकर।"

दो-चार दिन के बाद मालूम हुआ कि पन्त जी ने 'आल-इण्डिया-रेडियो' में नौकरी करना स्वीकार कर लिया और प्रयाग में हिन्दी विभाग के पद पर सुशोभित भी हो गये।

मैंने पंडित जी से कहा—

"सुना आपने ?"

"क्या ?" कहते हुए निराला जमकर बैठ गये।

"महाकवि पन्तजी ने रेडियो की नौकरी करना मंजूर कर लिया।"

"मंजूर कर लिया !" आँखें निकालकर निराला जी ने फिर पूछा, जैसे उन्हें विश्वास ही न हो रहा हो।

"जी हाँ।" मैंने कहा।

"तो कितनी तनखाह पायेंगे ?"

"लगभग हजार के तो मिलेगा ही।"

जैसे बहुत मायूस होकर निराला जी ने कहा—"हाँ, तो उससे क्या होगा ? बहुत होगा, दो अण्डे और खा लेंगे।"

"और क्या पंडित जी !" मैंने भी हामी भरकर देखा कि पन्तजी के नौकरी कर लेने से निराला जी को काफी खेद हुआ है।

अपने तखत पर पड़ रहे और बहुत देर तक जाने क्या-क्या सोचते रहे।

× × ×

"कोई अछूत नहीं"—

हमारे यहाँ एक दावत हुई; घर में बच्चा पैदा हुआ था उसी की खुशहाली में। बेटा की पैदाइश पर कितनी खुशियाँ मनाई जाती हैं मगर बड़े होकर जब बेटा छाती पर मूँग दलने लगते हैं तो रन्ज मनाने का अभी कोई ढग ईजाद नहीं हुआ है शायद इसलिए कि कोई यह न जानने पावे कि बेटा कुपूत निकल गये। हाँ, तो बेटा की पैदाइश में यारों ने खूब कचरकूट किया और हा-हा, ही-ही करते उपने-अपने ठेकाने लगे।

हमारे यहाँ एक मुसलमान दफ्तरी काम करता था। दावत खाने के लिए उसको भी बुलाया गया था। सबके भोजन कर लेने पर, बाहर पत्थर के चबूतरे पर बैठाकर उसको भी एक पत्तल में खाना दिया गया। सब लोगों ने घर के भीतर खाना खाया था। अतः उस दफ्तरी को बाहर खाते देख निराला जी बिगड़ उठे।

"यहाँ क्यों, इसको ? यह अछूत है ? क्या तमाशा है।" कहते हुए बैठक में दाखिल हुए और अपने तखत पर से तोसक खिसकाकर दफ्तरी से कहा—

"यहाँ ले आओ, आकर इस तखत पर खाना खाओ।" दफ्तरी बेचारा संकोच में पड़ गया। बोला—

"यही ठीक है पंडित जी ! मैं यहीं खा लूँगा।"

"यहीं क्यों खा लोगे ? चलो तखत पर।" यह कहकर निराला जी उसका पत्तल उठाने के लिए आगे बढ़े। तब तक अपना पत्तल सम्भालते हुए दफ्तरी ने कहा—

"अच्छा, चलता हूँ, पंडित जी, वहीं ले चल रहा हूँ।"

हम लोगों ने भी इशारा किया और तब दफ्तरी निराला जी के तखत पर बैठकर आराम से खाने लगा।

दफ्तरी को मुसलमान जानकर उसे घर से बाहर जो हम लोगों ने खाने के लिए बैठाया था उसके लिए निराला जी की यह करारी चपत खानी पड़ी। हम लोगों को भी अपनी गलती पर पछतावा हो रहा था मगर अब "पछताये होत का, जब चिड़ियाँ चुँग गई खेत"।

★

दारागंज, प्रयाग

नजर-बन्द आदमी

डॉ० कृष्णजीवन भट्ट

(१)

आदमी उजाले में आज नजर-बन्द है
पत्थर के पिंजड़े में मायिक निस्पन्द है
सावन में आग लगी
भादो शर्मिन्दा है
मोर मरे जाते हैं
अजगर-कुल जिन्दा है
नाव चली रेत पर
सूख रही सरिता है
आसमान में उछला सैलाबी छन्द है
आदमी उजाले में आज नजर-बन्द है
दक्षिण से उत्तर में
पुच्छल अब झूल रहा
वन-भालू जन-जन को
करता उन्मूल रहा
बागवाँ अफीमची
सरहद पर सोया है
जाली मंसूबा भी आज मुहर-बन्द है
आदमी उजाले में आज नजरबन्द है

अपने ही घर में शरणार्थी हैं लोग

(२)

कैसे हो कुंकुम औ' चन्दन की बात
दिन में हो फैली है बारूदी रात

सैकड़ों दिशाओं में बँटा आसमान
धरती पर मिलने का तर्ज है समान
जंगल के प्राणी भी झेल रहे ताप
लपटों के सौदागर लड़ते हैं आप

वादों-संवादों में तीखा आघात
कैसे हो कुंकुम औ' चन्दन की बात

अपने ही घर में शरणार्थी हैं लोग
टूटन में जुड़ने का कैसा संयोग
सूखे में डूब गये सारे आदर्श
प्रेमिल उपहारों में यम का संस्पर्श

घूँट घूँट घुटन मौन झेले जलजात
कैसे हो कुंकुम औ' चन्दन की बात

तारों के मंसूबे चाट रहे धूल
श्रद्धा की अंजलि में खिलते हैं शूल
मानवीय मूल्यों के सागर में ज्वार
संवेदन की चादर हुई तार-तार

ममता ही करती है घोर वज्रपात
कैसे हो कुंकुम औ' चन्दन की बात

संयुक्त सम्पादक-'कविता इण्डिया'
साहित्य-संस्थान
ब्राह्मण टोली
मुजफ्फरपुर-842001

पूरब एक अपूरब बात

आचार्य जानकीबल्लभ शास्त्री

की

हिन्दी की अपनी कादम्बरी

कालिदास

एक महाकाव्यात्मक उपन्यास

जिसे पढ़ते हुए—

'अघुन्वन् मूर्द्धानं नृपशुरथवाऽयं पशुपतिः।'

—पण्डितराज

उपन्यास

चाणक्य

(२)

"जैसे कोई आँखें गड़ाकर आकाश देखे, कुछ ऐसे ही ज्ञानी पुरुष आँखें मूँदकर उसे आमने-सामने देखता है ।

"जैसे कोई तारों के झुरमुट में चाँद का फूल ढूँढ़े, ऐसे ही अज्ञ जन कर्मों की फुलझड़ियों में चैतन्य का स्थिर प्रकाश ढूँढ़ता है !

"दूध-धुली पगडंडी पर भी आँख मूँद कर कोई न चले । दूध काँटे धो सकता है, काँटे साफ नहीं कर सकता ।

"लोकप्रियता हासिल करने के सिलसिले में जो लोग परलोक भुला बैठते हैं, वह जैसे पराये घरों में प्रवेश पाने के लिए अपने ही घर को आग में झोंक देते हैं ।"

—चाणक्य आत्म-चिन्तन में डूबे-खोए-से थे । उनका विवेकी मन सोमदत्त के हास्य-व्यङ्ग्य पर भावुक होना तो एक ओर, तनिक फिसला भी न था । किन्तु वहीं, पके-पिचके पण्डित पञ्चानन पञ्चरत्न पास ही बैठे थे । जैसे वह चाणक्य के निःशब्द चिन्तन का रोमन्थन कर रहे हों कि सोमदत्त के बचकाने व्यङ्ग्य पर एकबारगी फटे स्वर में फूट पड़े :

'ब्राह्मण का मिजाज ऐसे अचकचाये-से शब्दों में न समेटो । उसकी कसौटी कोई और है । लगाव और खिंचाव तराजू के दो पलड़े-जैसे हैं । इधर आदत के मुताबिक हर आदमी थोड़ी-बहुत कोशिश करता ही है । जब भी कोशिश ही सब कुछ नहीं है । काम से

भीतरी लगाव होना जरूरी है। फिर कोशिश भी तो हाथ-पाँव की कसरत भर नहीं है, वह निर्मल मन की एकाग्रता या समाधि भी तो है।.......

आचार्य्य गोकर्ण और महिषमर्दन मिश्र की हाँफती-सी आवाज भी पञ्चानन पञ्चरत्न की कड़क प्रतिध्वनि-जैसी ही थी। सोमनाथ डर गया। वह तो अपने आप पर ही व्यङ्ग्य कर रहा था। अपनी आदत से मजबूर था। विनोदी वह जन्म से था। कामचोर होने के कारण बौद्ध हो गया था। बौद्ध होने के बाद वाकई अपनी छाती की धड़कन में भगवान बुद्ध की करुणा के कम्पन का अनुभव करना सीख रहा था। यह और है कि उसके पल्ले कुछ पड़ा न था। सँभल कर हाथ जोड़ लिए : 'क्षमा, प्रभो !'

वैश्वानर मिश्र धधक उठे : 'चुप कायर ! तू क्या जाने ब्रह्म-तेज ! एक बार वसिष्ठ होकर तो देख, विश्व के सभी अमित्र त्राहि-त्राहि कर उठेंगे। फिर तो तू पीढ़ियों तक गुरुआई और पुरोहिताई ही करता रहेगा। मौत तेरे पाँव पलोटती रहेगी। दिलीप मरेंगे; रघु मरेंगे; अज और दशरथ मरेंगे; यहाँ तक कि देखते-देखते राम भी मर-मरा जाएँगे, मगर तू ? तू ज्यों का त्यों बना रहेगा !'

सोमदत्त एक कोने दबा-दुबका था। तनिक सुगबुगाया :

'तो क्या अंधेरी रात की निस्तब्धता के पीछे अन्तहीन प्रकाश ही प्रकाश है ? और ऐसा प्रकाश पाने के लिए अंधेरे-अंधेरे सुनसान राह पर जीवन भर चुपचाप चलते ही रहना होगा ?'

''हाँ, वेद का निरन्तर अभ्यास न करने, सदाचार को पीठ दिखा कर पञ्चमकार सेवन करने, घनघोर आलस्य में अजगर बने रहने और कदन्न के भक्षण के कारण ही मौत ब्राह्मणों को घपले में दबोच लेती है। अन्यथा प्रत्येक ब्राह्मण अजर, अमर गुरु वसिष्ठ हो सकता है।

''धम्मपद में भगवान बुद्ध ने भी ब्राह्‌मण को उच्च आचरण से ही परिभाषित किया है। बिरला ही कोई होगा वैसा। ब्राह्‌मण का लोहा तो बुद्ध भी मानते ही थे। मगर जात भर से ब्राह्‌मण तो यजमानों के पकवान पर ही डीठ जमाए होते हैं !''

जब वैश्वानर सोम पर विद्या की गर्मी उड़ेल रहे थे, चाणक्य आँखें मूँदे हुए शब्दहीन एकालाप में डूबे थे :

"मन्दिर चाहे जितना ऊँचा हो, खंभे ठोस और मजबूत हों तो कोई खतरा नहीं। यही हाल विशाल साम्राज्य का है। अच्छे मन्त्री द्वारा उसका ठीक-ठीक संचालन होता हो तो फिर चिन्ता की कोई बात नहीं है। कहना न होगा, राक्षस वैसा ही समर्पित मन्त्री है। वह चन्द्रगुप्त की हाँ में हाँ नहीं मिलाएगा। और तब बहुत दिनों तक अखण्ड भारत का एकच्छत्र सम्राट् चन्द्रगुप्त ही रहेगा।

"पायल की जगह पाँव है, उसे हठ ठान कर माथे में पहनना ठोस मूर्खता का पक्का सबूत होगा। ऐसे ही चूड़ामणि जूड़े से जुड़ कर ही शोभा पाती है, उसे घुँघरू बनाना हेंकड़ी के सिवाय कुछ नहीं है।"

यों तो चाणक्य गुमसुम थे। वहाँ उनके पास बैठे हुओं में से कोई-कोई, एक के पीछे एक, कुछ-कुछ बोल रहे थे। अभिव्यक्ति सधी न होने से तथ्य बिखर-बिखर जाता था। पास-पास बैठे हुए भी बराबर की दूरी पर बैठे दिखाई देते थे।

उस घड़ी दुहरे कुहरे के पीछे से, जब-तब, फटे बाँस के-से चरमराते हुए ऊटपटांग स्वर, जैसे कोहरे की पर्तें चीर कर, इस ओर छिटक-छिटक आते थे। तब सब को एक झटका-सा लगा जब चाणक्य ने इशारे से उस आवाज की बाबत कुछ जानना चाहा। पास बैठे हुओं ने हँस कर बताया: 'उस पार से लगातार आयात हो रहा है!'

'आयात?' चाणक्य चौंके: 'काहे का?'

'बालू का।'

'बालू का?'

'जी हाँ, पक्के घाट से सटे खड़े सारे कच्चे घरौंदे ढहा-उजाड़ कर कुछ नए महल खड़े किए जा रहे हैं सोन की बालू में चूना मिलाने पर जुड़ाई पत्थर की-सी हो जाती है! राक्षस का सुझाव है: मगध की राजधानी ग्रीकों की आँखों की किरकिरी बनी रहे। उनका यह भ्रम सदा-सदा के लिए समाप्त हो जाए कि आध्यात्मिक देश, चाहे तो भी, विदेशियों-सा भौतिक ऐश्वर्य नहीं अर्जित कर सकता।'

वैश्वानर मिश्र धुआँए: "कर सकता है; किन्तु किस मूल्य पर? गुरुदेव ने जो किया—पुत्र के समान चन्द्रगुप्त को राजसिंहासन पर बिठा कर आप टूटी मँड़ैया में आ बसे—इससे बड़ा है क्या ऐश्वर्य-सुख? ललचे-ललचे नयन झुकते ही झुकते हैं, एक सर्वस्वत्यागी के

मन में जो आग जलती है, वह कभी धुआंती नहीं है। लोभ-मोह की आहुति चिरायंध नहीं फैलाती।"

चाणक्य अनमने-से चुटकियाँ बजाकर जमुहाई लेने लगे :

"कच्चे-पक्के से अब अपना क्या ? यों राक्षस का इरादा आम तौर पर पक्का ही होता है। बेमेल और अर्थहीन वह कुछ नहीं सोचता। खामखयालियों से भरा उसका सनकी स्वभाव नहीं है।

"अरे हाँ, मैं यह पूछना तो भूल ही गया कि आयात बालू का हो रहा है तो निर्यात काहे का·······?"

'उन्हीं झुग्गी-झोपड़ियों वालों का। वे जनम-जनम के गन्दे-गदबदे अब और गङ्गा के किनारे नहीं बने रह सकते। उन्हें सोन की रेत' में ककड़ी-तरबूज की खेती कर अब वहीं कहीं गुजर-बसर करना होगा।'

चाणक्य खूब खुलकर हँसे : "वाह रे आयात-निर्यात ! क्या खूब ! आदमी का निर्यात, बालू का आयात। खुश हूँ कि ऐसे सौदे के दाव-पेंच का मैं दावेदार नहीं। वैश्वानर की धधक वाजिब है। विदेशियों की भौतिक सभ्यता भारत की तपोवन-संस्कृति को निरे आर्थिक अभाव का परिणाम मानते हुए तनिक लज्जित नहीं होती। वह कर्ण के कवच-कुण्डल-दान को उसकी राजनैतिक अदूरदर्शिता से अधिक कुछ नहीं समझ सकती। कैसी ओछी और संकुचित दृष्टि है यह !

"भेष बदल कर भगवान् भीख माँगने आया तो वलि ने हँस कर अपना सर्वस्व सौंप दिया। बलि का कद बढ़ गया, भगवान बौना हो गया।

"भीख मागनेवाला भी बड़ा बना रह सकता है अगर वह बुद्ध की तरह बहु-जन-हिताय, बहु-जन-सुखाय भीख मांगता हो !"

अचानक उनकी झुर्रियों से किरणें गुँथ गईं। बोलते हुए हँस पड़े : खूब है यह संसार भी। किनारे-किनारे रत्न-राशि बिखेरने-लुटानेवाले समुद्र को ही देखो। ऐसा उदार दाता भी मुँहदेखी करता है ! बेहद बने-ठने विष्णु का लहराता पीताम्बर देखा तो उन्हें—अपनी लड़की ही सौंप दी; उन्हीं के आजू-बाजू खड़े नंग-धड़ंग शंकर पर नजर पड़ी तो उनके हाथों में जहर का प्याला थमा दिया !

"अरे, और तो और, मुझी को देखो : राज-पाट के रख-रखाव का भार राक्षस को सौंपकर राजलक्ष्मी चन्द्रगुप्त के हवाले कर दी। आप बैठ गया गङ्गा-किनारे, मसानघाट के आसपास। पकी दाढ़ी-मूँछ, ज्यों-त्यों देह ढकने भर कपड़े। अब कभी मृत्यु-सुन्दरी ही नजर उठाकर मुझे देखे तो देखे,—कहते-कहते खूब खुलकर हँसे। इतना कि आँखें छलछला आईं।

फिर बात बदल कर बोले : "एक दुर्घटना का मुआविजा कभी-कभी घर-परिवार को नहीं, पूरे देश को, जाति को चुकाना पड़ता है। कभी महाभारत पढ़ने-सुनने का मौका मिले तो चूकना मत। उससे मन का मन्थन होगा। तलछट को छोड़ भी दो तो कुछ छिपा-गड़ा उतराएगा अवश्य।

"भीड़ इकट्ठी करने के लिए पेशेवर कथावाचक द्रौपदी के स्वयंवर या चीरहरण की कथा को खूब रोचक और उत्तेजक बनाकर श्रोताओं का चित्त चुराते हैं। मगर मैं ठहरा जनम-जनम का खूसट। स्त्री की कोमलता और कर्कशता का विश्लेषण करने में मैंने जीवन का एक क्षण भी नहीं गँवाया। भीड़-भाड़ और थोथे कोलाहल से अलग-थलग, चिन्ता और चिन्तन में, डूबा-डूबा रहा। तट पर ठाले बैठे लोगों का जमघट लगा रहता, मैं जल-समाधि लेने लायक गहराइयाँ थाहता रहा। हाँ, महाभारत की गहराई अब भी अनथाही है!

"एक गरीब आदमी जाड़े भर की भीख में से थोड़ा-थोड़ा बचाता था कि वह उस बचत से जाड़े से लड़ने के लायक कोई गर्म कपड़ा खरीदेगा। जाड़ा बीत जाता, किसी गर्म कपड़े का जुगाड़ न हो पाता। फिर गर्मी भर एक हल्के-फुल्के कपड़े के जुगाड़ में लगा रहता, तब तक जाड़ा आ जाता था।

"उसकी इस दशा पर देवताओं को दया आ गई। उन्होंने उसे वर माँगने कहा तो उसने और कुछ नहीं, यही वर माँगा कि मैंने जीवन भर गर्मियों में जाड़े के कपड़े और जाड़े में गर्मियों के कपड़े पहने। आप यदि इसमें संशोधन कर देते तो मेरा मनुष्य-जीवन धन्य हो जाता। मैं जो चाहता हूँ, वह मुझे कहाँ कहीं मिलता है?

"सारा जीवन युद्ध के ताने-बाने बुनते बीत गया। गौतम की अहिंसा और शान्तिप्रियता से ऋषि-मुनियों का यह देश सिकन्दर के

उद्धत पाँवों से बस अब रौंदा हीं जानेवाला था जब मैं इसमें कूद पड़ा।

"वेदव्यास की बेपनाह बुद्धि का क्या कहना? सो महाभारत एक ओर से अर्थशास्त्र है तो दूसरी ओर से धर्मशास्त्र। तीसरी ओर से कामशास्त्र है तो सब ओर से मोक्ष-शास्त्र।

"उन्होंने तो मानव मात्र को आसक्ति से ऊपर उठने की खुली सीख दी है। क्योंकि आसक्ति में पड़े हुए से धर्म नहीं सधता। अर्थ और काम में आकण्ठ डूबे रहना मानव-जीवन की बरबादी ही बरबादी है।"

आदतन पञ्चानन पञ्चरत्न लोगों के जमघट की ओर आँखें नचाकर बोले :

"गुरुदेव, आगे आप ऐसे नहीं बोलते थे।"

"ए लो, अब मैं चौथे आश्रम में हूँ। जिसका बेटा भारत का एकच्छत्र सम्राट् हो, उसे इस ढलान पर हँसी-ठट्ठे की नहीं तो क्या नए सिरे से भुक्ति-मुक्ति की चिन्ता करनी है?"

पञ्चानन पञ्चरत्न चारों खाने चित्त गिरे। चाणक्य ने हँसने का जो सिलसिला शुरू किया था उसमें रंच भर भी अन्तर न आया।

सुनकर जैसे पञ्चानन चतुरानन हो गए। एक मुँह झर गया तो चौमुख दियना जल उठा :

"हाँ गुरुदेव, अभी सामने खड़े उस ठिठुरे-से चितकबरे कुत्ते को देखकर आप क्षण भर कुछ अचम्भित-से हो गए थे!"

"हाँ-हाँ, मुझे महाभारत की याद आ गई थी। खोज-परख के सिलसिले में मुझे इस अदना-सी बात ने चौंकाया था। वेदव्यास बोले, गणेश ने लिखा, वह गलत कैसे होगा? सो मेरे मन पर वह बात एक अमिट छाप छोड़ गई।"

'सभी शास्त्रों से रू-ब-रू हुए को चौंकाने-ठिठकाने वाली वह कौन-सी अनचीन्ही बात है गुरुदेव!'

'कुत्ते की बात है!'

'कुत्ते की?'

'हाँ, कुत्ते की! महाभारत के आरम्भ में भी एक कुत्ता है, अन्त में भी।' कुत्ते से कुत्ते तक की यह कहानी बहुत बुरी तरह झकझोरने

वाली है। उस युग के साथ रचे-बसे लोगों की मानसिकता से आज के ताल ठोंकनेवालों के बाज़ू कितने बेताब हैं !'

'क्या कहानी है महाभारत में ?'

"ठीक कहते हो ! कहानी ही है वह ! और नहीं तो क्या कुत्ते-बिल्लियों की कोई बात सच होगी ? सच तो युधिष्ठिर बोलते हैं !

"सो, जो हो। कहानी है : राजा जनमेजय कुरुक्षेत्र में एक लम्बा अनुष्ठान कर रहे थे, उनके तीनों छोटे भाई संरक्षण में तत्पर थे। एक दिन सुबह-सवेरे एक कुतिया के पास उसका बच्चा रोता-धोता पहुँचा। सबब पूछने पर बताया कि जनमेजय के भाइयों ने उसकी कुटम्मस की है। माँ ने छूटते ही कहा : आगे तू ने कोई शरारत की होगी ! इसपर पिल्ले ने बहुतेरी कसमें खाईं, तब माँ को गुस्सा आ गया और उसने चलकर जनमेजय को झिड़का कि मेरे बच्चे ने तुम्हारे यज्ञ का कुछ नहीं बिगाड़ा। उसने हविष की ओर ताका तक नहीं, जुठाने-चाटने की तो बात ही क्या ? फिर भी तुम्हारे भाइयों ने उसे बुरी तरह मारा-पीटा। कुत्ता गरीब है; उसे रहने तक का कोई ठौर-ठिकाना नहीं, सिर्फ इसीलिए उसे राह चलते लोग भी मारते-पीटते हैं। उसकी आत्मा रोती-कलपती है; सिरजनेवाले की ओर वह कातर दृष्टि से देखता और आँसू पीकर रह जाता है। तुमने भी वैसा ही किया। बेकसूर को मारा है। तुम पर गाज गिरेगा !

कुतिया के शाप ने चतुरानन-पन्चानन के अपराधी मन को कहीं गहरे छू लिया। पूछा : 'फिर क्या हुआ, गुरुदेव।'

जो हुआ उसे स्वयं पढ़कर जानो तो बेहतर। मैं सिर्फ रुरु को दिए गए डुण्डुभ के एक उपदेश पर ही अभी बल दूँगा : 'अहिंसा परमो धर्मः !' ब्राह्मण को तो कभी किसी भी प्राणी की हिंसा करनी ही नहीं चाहिए। जिस पर आकाश हर घड़ी फूलों की वर्षा करता रहता है, उस वेद की भी यही मान्यता है कि ब्राह्मण का स्वभाव सौम्य होना चाहिए; कि अहिंसा, सत्यवचन, क्षमा और स्वाध्याय ही ब्राह्मणत्व है।

"व्याख्याओं पर न जाओ, वह मोड़ती कम, भटकाती ही अधिक हैं। दृष्टि साफ हो; समझ बढ़े, इसके लिए स्वाध्याय सही जीवन-यात्रा का एकमात्र संबल है। सत्य उघड़ कर सामने आए, इसके लिए आवश्यक है उसका तथ्य या यथार्थ से अलगाव। तथ्य सत्य हो सकता है; किन्तु केवल तथ्य ही सत्य नहीं है। समय-समय पर नैतिक मूल्यों में फेर-बदल होता रहता है। ऐसे में यथार्थ से जूझकर सत्य की तलाश करनी होती है।

चतुरानन का मुँह एक ओर लटक गया। चाणक्य के पिचके सुझाव से उनका पेट फूल गया, मानसिक तनाव भी बढ़ने लगा। अब वह दूसरे कुत्ते की कहानी पर गुरुदेव का ध्यान टिकाना चाह रहे थे। दर्शन और अध्यात्म उनके गले की फांस-से थे। बस, वर्ण से ही ब्राह्मण थे। आचरण सीख रहे थे।

गीला, धुँधला और मटमैला सवेरा सजीव प्रकाश का आभास देने लगा था। नुक्कड़ पर यहाँ वहाँ खड़े लोगों के चेहरे दुखती नसों से खिंचे-खिंचे-से दिखने लगे थे, जैसे निर्यातित होने की बेवसी उनसे झिल न रही हो! जैसे गङ्गाजल और सोन की रेत कसे भी समतोल न हों! जैसे आयात-निर्यात की गहरी राजनीति पर किसी की भी जल्दी-जल्दी झाड़ी हुई वक्तृता घूमते सिर में इकट्ठी जम गई हो!

चाणक्य को हाथ जोड़ कर सोमदत्त ने कहा: दूसरे कुत्ते की कहानी मुझे कुछ-कुछ मालूम है। पिताजी से सुनी थी।

पञ्चानन चतुरानन हो गए थे पर अपने को षड़ानन से कम नहीं समझते थे। डपट कर कहा:

तुम्हारी यह मजाल कि गुरुदेव के सामने मुँह खोलो! कुत्तों की खोज गुरुदेव ने की है। उतने सारे वीर-बाँके राजे-महाराजों के चरित्र को दो कुत्तों की कहानी से सम्पुटित करने की सूझ गुरुदेव की है। गुरु-मुख से सीखी विद्या का अर्थ दूर-दूर तक जाता है। यहाँ प्रतीक रूप में कुत्ते हैं। शेर-चीतों की दहाड़ इनकी भौंक में दुबकी दिखती है।

चाणक्य हँस पड़े। वातावरण में मिठास घुल गई: महाभारत की समस्याएँ युग-विशेष में जीवन की ही समस्याएँ हैं। जब एक

बेकसूर कुत्ते का दिल कुचला गया, महाभारत हुआ। कुत्ते को पहचान लिया गया, महाभारत समाप्त हो गया।

इन्द्र अकेले युधिष्ठिर को सदेह स्वर्ग ले जाने के लिए, अपना रथ लेकर आए। युधिष्ठिर के पीछे-पीछे एक अदद कुत्ता ही चलता चला आया था। भाई बर्फ में धँस मरे थे। द्रौपदी इस महायात्रा में सबसे पहले गिरी थी। सो युधिष्ठिर ने इन्द्र को हाथ जोड़कर कहा कि मैं अन्त समय के अपने सच्चे साथी को छोड़कर हर्गिज स्वर्ग न जाऊँगा।

इन्द्र ने बहुतेरा समझाया :

"तुम अकेले-अकेले को मेरी बराबरी की अमरता मिली है, कुत्ते का मोह छोड़ो और ऐश्वर्यपूर्ण स्वर्गीय सुख भोगो।

"सच तो यह कि कुत्ता रखनेवालों को कभी स्वर्ग मिलता ही नहीं है। मेरा कहा मानो, इसे इसके हाल पर छोड़ देने में कोई हर्ज नहीं है।

"अपने सारे भाइयों और पतिव्रता द्रौपदी तक को छोड़कर तुम इतने ऊँचे उठे हो, फिर इस कुत्ते में ऐसे कौन-से सुरखाब के पर लगे हैं जो तुमसे छोड़ते नहीं बन रहा ?"

इस पर युधिष्ठिर ने तनिक तमक कर कहा : "मैंने जीते-जी तो अपने भाइयों या पत्नी को नहीं छोड़ा। आप जानते हैं, मरे हुओं को जिलाना मेरी सामर्थ्य के बाहर है।

"मगर यह जीता-जागता स्वामि-भक्त तो पल भर को मेरी परछाई भी नहीं छोड़ता, मैं यहां इसे अकेला छोड़कर किसी भी प्रकार स्वर्ग न जाऊँगा। मुझे यहां, इसी कुत्ते के साथ जीने-मरने दीजिए। स्वर्ग मुझे नहीं चाहिए।"

चाणक्य ने देखा, सब सकते में आ गए हैं। कोई मुँह पर बैठी मक्खी भी नहीं उड़ा रहा। तब वह और जब्त न कर सके। बोले : "कुत्ता और कोई नहीं, साक्षात् धर्म था।"

फागुनी दोहे

(१)

सौ फागुन के रंग

—कविवर श्री दिनेश शुक्ल

खुले मदरसे प्रीत के, ये फागुन के हाट,
रंगों की बारा-खड़ी, पढ़े प्रेम के पाठ।
पलट, पलट मौसम तके, भौचक निरसे धूप,
रह, रह कर चितवे हवा, ये फागुन का रूप।
जोगिन ऋतुओं के सभी, मनके टूटे जाप,
लगे महकने फूल से, ये सपने चुपचाप।
एड़ी छू बिछवे हँसे, आंगन हुए गुलाल,
अँखियों, अँखियों बो गया, फागुन कई सवाल।
गीत, चाँदनी, रतजगे, आग हवा का खेल,
जो रह ले छोड़े नहीं, रंगों की यह जेल।
कल वसंत के आंगने, ऋतुएँ थीं मगरूर,
फागुन ने तोड़े सभी, रंगों भरे गरूर।
फागुन रोके रास्ता, बोले रस की बात,
ऋतुओं के मन हो गए रंगों भरी दरात।
फीके सारे पड़ गए, पिचकारी के रंग,
अंग, अंग फागुन रचा, सांसें हुई मृदंग।
गंध नहाई चांदनी, रंग नहाई रात,
छंद नहाई सी लगे, यह फागुन की बात।
हवा वसंती हो गई, खनके बाजू-बन्द,
बौराया फागुन पढ़े, पद्माकर के छन्द।

(२)

धूप अटारी पर खड़ी

रातें कस्तूरी हुईं, दिन खुशबू की मेड़,
मेरे आँगन में हँसे, इक चंदन का पेड़।
तारे, जुगनू, चाँदनी, सपने, फूल किताब,
मन की कोपल में उगे, कितने हरे जवाब।

धूप अटारी पर खड़ी, खोले अपने बाल,
मौसम निकला गली से, फेंक गया रूमाल।
मुखड़े की आभा सजल, हँसे कुमुदिनी ताल,
फूल कुसुंभी इक रखा, ज्यों पूजा के थाल।
सर्वनाम ये यादते, इक संज्ञा का नाम,
हुए गुलाबी मूंगिया, मन के आठों याम।
पायल छूकर हँस पड़ी, रंगों भरे दुकूल,
आँगन माहुर हो गए, छू एड़ी की धूल।
कभी इत्र रूमाल दे, कभी फूल दे हाथ,
मौसम बरजोरी करे, करे चिरौरी साथ।
अनहोनी टूटे सभी, संयम के प्रतिबंध,
मौसम लिखे कपोल पर, रस से भीगे छंद।
बूढ़ा पीपल खाँसता, फब्ती कसता नीम,
अपने दुख पगडंडियां, किससे कहें रहीम।
कठिन प्रीत की साधना, कठिन प्रीत का राग,
बूंद गिरी मोती बनी, सीपी के बड़भाग।
इमली रस से भर गई, तन पर पड़ी लकीर,
पढ़े ककहरा प्रेम का, बूढ़ा आम फकीर।
सुध, बुध भूली तितलियां, आ खुशबू के हाट,
छू फूलों के होंठ को, पढ़ें प्रीत का पाठ।
घाटी में आया उतर, बँधा प्रेम के पाश,
धरती के काँधे हँसा, सर रख कर आकाश।
मँहगा सौदा प्रेम का, कठिन प्रीत की छाँव,
जो सर देए आपनी, वह आए इस गांव।
दरपन में छवियां, हँसी, मुखर हुए संकेत,
इधर हँसी कामायनी, उधर हँसे साकेत।
उत्सव बीते पेड़ के, सड़कें हुईं उदास,
जाने क्या तकती रही, देर तलक गुलबास।
भोले मन के फासले, भोले मन के मौन,
यों भी तय होते रहे, चुप्पी भरे त्रिकोण।
खत ये बने दुभाषिए, मौन रहे ये शब्द,
इस पुल से उस नदी तक, भाषा थी निःशब्द।

इच्छाओं की हथकड़ी, मुस्कानों की कैद,
कुछ किस्से सच झूठ के, अपने वैध, अवैध ।
कैसे रस्ते आ गए, कैसे आए मोड़,
बीच डगर में चल दिए, पांव तुम्हारे छोड़ ।
रहे आंख में तैरते, छवियों के संसार,
मन में गहरी चुप्पियां, बो गए नमस्कार ।
कुछ पीला कुछ मूंगियां, कुछ बादामी बेर,
पगडंडी पर झुक गया, हँसता हुआ कनेर ।
हँस कर बोली अलविदा, पगडंडी की धूल,
सन्नाटा बुनते रहे, गुलमोहर के फूल ।
पल में जादू हो गया, इक चितवन की आड़,
रह, रह कर टूटा किए, रंगों जड़े पहाड़ ।
थोथा, गुस्सा, बतकही, छेड़छाड़, मनुहार,
प्रेम सूत के तार सा, टूट जुड़े सौ बार ।
मेंहदी, संदल, आलता, नथ, काजल, सेंदुर,
सपनों की संदूक में, सात रंग की धूर ।
फली साधना शब्द की, बिखरे रंग अशेष,
हैं स्थापित दोहे हुए, तुमसे सुना "दिनेश" ।

(३)

गांधी प्रासंगिक हुआ

गांधी, भय, आतंक का, गरम हुआ माहौल,
फूलों के गमले उगी, बारूदी पिस्तौल ।

शब्दों से कमजर्फ थे, सोचों के संवाद,
गांधी तेरे नाम पर, गढ़ता समय विवाद ।

घाटी के आंगन बिछी, आरक्षण की आग,
गांधी घर में खेलता, मौसम खूनी फाग ।

दुख के घर फूला फला, गांधी एक सुराज,
रोटी से छिनता गया, दाल, नमक ये प्याज ।

किसको फुर्सत है यहां, सबके अपने वाद,
गांधी यहां दरिद्र से, कौन करे संवाद ।

झूठ स्वार्थ ये दंभ के, जाति, धर्म के मंच,
गांधी हमने रच लिए, सौ, सौ नए प्रपंच।
दया, प्रेम, करुणा, क्षमा, दीन, दुखी का बात,
सब बातें तेरी गई, गांधी तेरे साथ।
गांधी, प्रासंगिक हुआ, लोग कहे इस दौर,
देख अजूबा अन्य क्या, होगा दूजा और।
इतना गांधी का रहा, राजनीति का मर्म,
उसके सम्मुख था बड़ा, मानवता का धर्म।
गांधी तेरी नीतियाँ, वो तेरे सिद्धांत,
स्वार्थ सिद्ध का बन गए, ये दर्शन बहुप्रान्त।
जबरजस्त रस्सा कशी, कर्तव्यों के बीच,
अनासक्त रेखा सहज, गांधी ने दी खींच।
क्षमा, ज्ञान, वो प्रार्थना, सामाजिक विश्वास,
जीवन मूल्यों का हुआ, गांधी कैसा ह्रास।
यहां अहिंसा ने धरे, ये हिंसा के वेश,
नफरत की लपटों जला, सुन गांधी ये देश।
दीमक की नक्काशियां, गिट्टी चढ़ी फफूँद,
मौसम गांधी बन गया, इस आँसू की बूँद।
पंख चिरइयों के जले, जले नदी के गीत,
गांधी लोहे घर बिका, चूड़ी का संगीत।
गांधी आंसू का यहाँ, पेड़ उगा चुपचाप,
रही भोगती जिंदगी, सपनों का संताप।
अपशगुनों की बेड़ियाँ, सदमों की जागीर,
गांधी तेरे मुल्क की, इतनी है तस्वीर।
सिक्के, खनक, गोलइयाँ, बढ़ता भ्रष्टाचार,
इनसे कैसे किस तरह, गांधी उतरें पार।
वे मौसम गांधी जले, हीरों जैसे ख्वाब,
नीदों में हँसता रहा, बैरी समय कसाब।

गांधी सम्यक दृष्टि था, गाँधी सम्यक ज्ञान,
गाँधी कथा चरित्र की, गाँधी था आख्यान।
मुश्किल, व्यथा, तनाव से, गाँधी हुआ न क्लांत,
हर सुख, दुख में वह यहाँ, बहा नदी सा शांत !

सत्य, अहिंसा प्रेम का युद्ध किया निष्काम,
याद रखेगीं पीढ़ियाँ, गांधी तेरा नाम।

क्या गांधी की नीतियाँ, क्या गांधी की बात,
गाँधी, कुंग, रसेल था, गाँधी था सुकरात।

दर्द गरीबी के मिले, दुख के मिले पड़ाव,
गाँधी, जीवन हो गया, जलता हुआ अलाव।

पंछी, चिड़िया, बोलियाँ, गोफन, तीर, कमान,
उस पर ये मौसम मिला, गांधी, लहू-लुहान।

गांधी कल तक आदमी, था करुणा का बीज,
वस्तु व्यक्ति ये बन गया, इस मेटल की चीज।

गांधी उसके बोल को, मिला नहीं संवाद,
वह सदियों से कर रहा, शब्द सभी के याद।

टूटे पायों पर खड़ा, गाँधी ये जनतंत्र,
ठोकें कीलें स्वाथ की, एक पाँचवाँ तंत्र।

कहाँ अयोध्या से रहे, गाँधी दुख ये दूर,
टाँके कच्चे जख्म पर, लगा गया लातूर।

अनहोनी गाँधी हुई, गिरी समय पर गाज,
नक्कारों में खो गई, तूती की आवाज।

सरहद, तस्कर, गोलियाँ, लड़के, ट्रेनिंग, खून,
गाँधी सुविधा घर ठगे, दाल, प्याज ये नून।

मनुज नहीं अवतार था, लोग करें ये याद,
गाँधी जैसा आदमी, होता सदियों बाद।

गांधी के इस देश की, इतनी गाथा शेष,
सपने गूंगे वक्त के, जलते रहे "दिनेश"।

★

रामेश्वर रोड,
खंडवा-४५०००१ (म० प्र०)

सोलह दोहे

□ श्री रघुनाथ प्रसाद बिकल

परसुख में सुख मानना ही है सच्चा प्यार।
लेना क्या ? देना सदा, रखना सद्व्यवहार ।।

सत्य पूत बोलो वचन, मन पूत आचार।
तप: पूत हो सान यदि, तो जीतो संसार ।।

बोलो सच, बोलो प्रिय, लेकिन रखना याद।
दुखद सत्य को बोलकर मत बिगाड़ना स्वाद ।।

जब से है शिक्षा बढ़ी, और बढ़े हैवान।
सान तो सठियाये ही, पान भी शैतान ।।

रिमझिम इस बरसात में खुश हैं सभी किसान।
धन खेतों में आज सब, मिल रोपेंगे धान ।।

पानी की बौछार से, मगन पेड़ की डाल :
गर्मी के संत्रास से अब तक थे पामाल ।।

बून्द-बून्द पानी मिला, कैसा हुआ बहाव।
बच्चे कागज ढ़ूढ़ते, अब छोड़ेंगे नाव ।।

ऊंचे पर यदि घर बना, क्या कर लेगी बाढ़ ?
इंधन-भोजन जोड़ लो, चढ़ते माह अषाढ़ ।

घर पानी से घिर गया, छत पर सारे लोग।
ऐसे में 'राहत' बँटे, जो, सब मोहन भोग ।।

गर्मी में लू की लपट, सरदी पाला-मार।
लेकिन अब बरसात जब, कौन पड़े बीमार ।।

मत समझो स'न्यास है, मात्र अर्थ का त्याग।
वह तो धन, जन, काम का, सबका है परित्याग ।।

क्षण प्रस्थ लघुक्षेत्र से निकल वृहत का भाव।
प्राप्त ज्ञान, धन राशि का जनहित में बिखराव ।।

जीवन में संतुलित हो, धर्म-अर्थ और काम।
बिगड़ा इनका संतुलन होगा चक्का जाम ।।

प्रणिपात, परि प्रश्न, औ गुरु में भक्ति अपार।
अहंकार का त्याग, ये ज्ञानार्जन आधार ।।

मात्र वृक्षरोपन नहीं दे पाता परिणाम।
रोपन हो रक्षण नहीं, तो सारा बेकाम ।।

नये नगर के प्लान में, घर को दी बस तीस।
तीस-बीस, दूकान-सड़क, शेष वृक्ष को बीस ।।

●

पता—६, किदईपुरी, पटना—८००००१

बोधोदय सपना है या सच है

—कविवर डॉ॰ स्वर्णकिरण

बहकर आया
दूर देश से जो गंधवह यहां पर
क्या सदेसा लाया है ?
ऋषि-मुनियों की तप : साधना
क्या साधारण तप : साधना
अपने में ही सिमट - सिमट
रहने को कहती ?
पतित पावनी गंगा क्या
प्राणी - प्राणी में भेद - भाव करती ?
शांति मंत्र क्या शुष्क हो गये
बिना धूप के,
या कि शुष्क थे नहीं ?
छटपट करती हुई
आत्मा देख रही नभ है ।
रेखाओं की टकराहट
क्या कुछ इंगित से बतलाती,
क्या कुछ इंगित से बतलाती है नहीं ?
मानव के सपने
भुने हुए पापड़ - से टूट - टूट जाते ।
भीतर के सद्भाव
अंकुरित होते हैं खुद
या कि अंकुरित होते हैं खुद नहीं ?
बोधोदय सपना है
या सच है !
सूरज की किरणें
बिछती जातीं धीरे - धीरे ।

स्थान-डाक सोहसराय-८०३ ११८
(नालंदा)

शेषांक से आगे

बाल साहित्य के आचार्य

श्री विष्णुकान्त पाण्डेय की

एक परम प्रौढ़ काव्यकृति

अगम सृष्टि : विस्तार अपरिमित

(क्रमागत)

कोई तस्लीमा बेचारी व्यर्थ न मारी जाये
भयवश कहीं रशदी कोई भूतल-तल नहीं समाये,
धर्म बड़ा व्यापक है इसको सीमा में मत बाँधो
साध सको तो दूरदृष्टि से क्षितिज-क्षितिज को साधो
मानव का कल्याण प्रीति की रीत अधिक व्यापक हो
लक्ष्य बड़ा ही, आगे-आगे जाने में साधक हो
कदम मिला समवेत स्वरों में नये गीत गाओ हे,
नये विश्व निर्माण हेतु तुम अब आगे आओ हे !
पहुंच शिखर पर कोई गर नर हाय-हाय चिल्लाये
अच्छा है, नीचे रहकर वह अपने मन की गाये
यह बिज्ञान नहीं जो थल पर, जल में आग लगा दे
ज्ञान नहीं जो जीव-जन्तु, वन-उपवन को लहका दे
धरती का विद्वेष लादकर अंबर तक पहुँचाये
फिर भी बल-वैभव के बल पर ऊँची पदवी पाये
धरा प्रदूषित है भाषण दे नभ तक जहर उड़ेले
कौन आग से कहे किन्तु वह स्वयं आग से खेले
विज्ञान बढ़ा जितना उतना है ज्ञान न बढ़ पाया
धरती छोटी हुई, विवेक पर मन में नहीं समाया
हम ही महाबली हैं, ज्ञानवान हैं, बड़ी भ्रान्ति है
करूणा फुटे हृदय-हृदय से यही क्रान्ति है ।
क्रन्दन-रुदन-विलाप हृदय में दया नहीं उपजायें
हृदयहीन को कैसे हक है, वह मनुष्य कहलाये
कुछ अपने लोगों का सुख क्या धराधाम का सुख है
हिंसा ही हिंसा जग भर में अपना हृदय विमुख है
कुछ लोगों का वैभव-मद धरती पर सुख लायेगा ?
नहीं-नहीं, वह कंगालों का खून चाट जायेगा ।

धर्म वही सम्पूर्ण मनुज की निष्ठा पाये,
मन-प्राणों को शान्ति दिलाये, सबमें रमे-रमाये
सबसे पहले अपने मन की कलुष-कालिमा धो लो,
हृदय-हृदय की कुंठा खोलो मानव की जय बोलो।
पशु का अपना धर्म सुनिश्चित क्रम से और नियम से,
मानव विरत विखण्डित-खण्डित दूर बहुत संयम से,
सब धर्मों का एक सूत्र हो, कहीं नहीं खण्डित हो,
सब रिश्ते हों अपनापन के, दया-प्रेम मण्डित हों।
भेद-भाव सब भूल मिलें सबके सब अपने,
जीने दें, जगने दें सबमें एक विश्व के सपने।
राष्ट्रसंघ जीवित-जाग्रत हो, महिमामय हो,
सबका हो विश्वास, सभी का अभ्युदय हो।
धर्म-कर्म की विकृतियों का उन्मूलन हो,
धर्मग्रन्थ का संशाधन हो, परिमार्जन हो।
एक पंक्ति में सबका हो आसन-सिंहासन,
एक बार जागे जग भर में शुचि परिवर्तन।
महाशक्ति से आतंकित भय से त्रस्त न कोई,
कहीं दरिद्रता, हीनभावना ग्रस्त न हो।
सुधा छलकती अधर-अधर से रस से भरी तरल हो,
ऐसा हो शासन-अनुशासन बिल्कुल सहज-सरल हो।
अपना घर छोड़कर भागे, भटके दर-दर क्यों कर ?
छाने जग की खाक ठोकरें खाये गर तो क्यों कर ?
भूख-प्यास से आकुल-व्याकुल तड़प-पुकारें,
बच्चों के क्रन्दन को रोकें, पूछें, उन्हें दुलारें।
पर दुख में हों सुखी कि ऐसा कहीं विधान नहीं है,
नहीं धर्म है, नहीं ज्ञान, विज्ञान नहीं है।
बात बिकट है, वहीं धर्म के तनिक निकट है।
विदा हुई सूरज से धरती अग्निपिंड का लाल दुपट्टा
धहधह-धहधह जलती रही निरंतर, शांत हुई कुछ
शीतलता जब आई, जल आया, जल में जीवन था
अण्ड-पिण्ड अगणित-अनन्त फिर उद्भिज जन्मे
जीवों में पहले जलचर हुआ मत्स्य अवतार धरा पर

कुर्म उभयचर, शूकर थलचर और नृसिंह अवतार ?
आधा पशु, आधा ही नर, नर में भी विग्रह
पूर्ण मनुज अवतार राम थे, नर नारायण।
बसी वसुन्धरा, चिन्तन जागा, अभिव्यक्ति अकुलाई
भयवश महाशक्ति भगवान ज्ञान का हुआ आकलन
सृष्टि वन्दना, ईश अर्चना, कथा-कहानी
सृष्टि और ब्रह्माण्ड कथाएँ, अनगिन अन्य कथाएँ
उनमें रामकथा सबसे न्यारी थी, मनभावन थी।
बौद्धिक बल तब जाग चुका था धराधाम पर
राम-काल संक्रमण काल था शायद नर-वानर का
चिर विकास का, व्यापक था कुछ रुदन-हास का
इसीलिए विस्तार पा गई रामकथाएँ घर-घर घुसकर
सुखी हुआ संसार या कि बढ़ गई व्यथाएँ ?
पीड़ाएँ अनगिन-अनन्त बह चली धरा पर लहराकर
पग-पग छल छल अविरल चंचल, चंचला जागी
सुख खातिर उन्मत्त आदमी फिरता मारा-मारा
कहीं न कूल-किनारा, धह-धह-धह जग सारा
मृगमरीचिका आगे-आगे जैसे जल की धारा
पीछे यह बेचारा, हारा-हारा श्रमित-क्लान्त-विश्रान्त
खुद में कस्तूरी पर मकदूरी भाग रहा है जितना उतनी बढ़ती दूरी
फिर भी नहीं मानता पगला माया-भ्रम से पायेगा कुछ नहीं
भटकता रह जायेगा जीवनपर्यन्त कहाँ-कहाँ, किस ओर छोर
अगले जीवन की बात व्यर्थ, जिसे न देख पाया है कोई अबतक
भोगा भी हो, नहीं लौटकर कहा-सुनाया कहाँ किसी ने ?
जीवन की कटुटता-कडुआहट की पीड़ाएँ बहुत-बहुत गहरे पैठी हैं
कहे अगर तो कौन सुने, बेदर्द जमाना, दिल ही नहीं कहीं है
पीड़ित मन-मस्तिष्क, बौद्धिक विलासता, आत्मश्लाघा, अपनी गुण-गाथा
बिना कहे, अनदेखे जो जायेगा कहीं अन्त में या अनन्त में
इसीलिए जो कुछ कहना है कह लो सत्वर, अविलम्ब
समय बहुत थोड़ा है, काम बहुत सब धरे पड़े हैं
और सामने, अगल-बगल अगणित उदास मुखड़े हैं
उन्हें प्यार से भर दो, इनकी खातिर कुछ कर लो
चुप हैं इनको मुखर करो हे, मृयमाणों में प्राण भरो हे,
प्राण भरो, गतिमान करो तुम अधरों पर संगीत धरो हे !
अधरों पर संगीत धरो हे अधरों पर संगीत धरो हे !

●

अरुणोदय भवन, मोतीहारी

पत्र-लेखा

(१)

डॉ० पाल भसीन

मॉडन स्कूल
वसन्त-विहार, नयी दिल्ली : ५७
दिनांक २७-१०-८८

श्रद्धेय शास्त्रीजी,

आज तक की जिन्दगी का रिकार्ड है कि जब-जब घर (अपने या मित्रों-गुरुजनों के) पहुँचा हूँ तो सकुशल हो पहुँचा हूँ। इस मर्तबा भी अपवाद नहीं हुआ।

फल-सब्जियाँ अकेले ने नहीं खाए—बस इतना ही। वस्त्र आजीवन किसी को नहीं दे पाऊँगा। जीवन में प्रथम बार सरोपा पाया है। डॉक्टरेट हो गयी, डकैती और किसे कहते हैं ?

पहुँचते ही पत्र दिया नहीं जा सका। आज भी न दे पाता शायद, यदि घर में बैठकर लिखना पड़ता। खिन्न, क्लान्त, व्यथित, क्षुब्ध… ! भरा बैठा हूँ। दशानन-विजय ही तो पर्याप्त नहीं। महाभारत का अन्त भी तो होना चाहिए। रावण को जीत लेना अपेक्षाकृत सरल होगा। उसमें आखिर कुछ तो औदात्य है। दुर्योधन का क्या हो ?

'मन वृन्दावन' के स्टाइल में 'घर-महाभारत' भी होता आया है न ! सोचा था, कृष्ण की भूमिका निभा दूँगा—रथ की वल्गाएँ थाम कर, पर 'युद्धं देहि' की गुहार को उपेक्षा कब तक करूँ। चक्र उठाए बिना मुक्ति नजर नहीं आती। माँ को टूटते-छीजते देखता हूँ तो मन चुपके-चुपके रोता है। हिमालय-सा पिता सदैव जाह्नवी-रस-सरिता बहाता रहा पर अब उसके शिखर ढह रहे हैं। परिवार में कर्ण की-सी नियति अब तक भोगते हुए भी था मैं युधिष्ठिर ही और अब तो बृहन्नला की आत्मा भी घुसपैठ किये जा रही है। और जब यह हिमालय पूरी तरह धराशायी हो जाएगा तो इस 'घर' में रेगिस्तान लहराएगा, प्यासे कण्ठ तिल-तिल कर मरेंगे। मैं क्या करूँ शास्त्रीजी ? किंकर्त्तव्य-विमूढ़ हूँ। और इन दिनों यह सब सिर्फ एक ही व्यक्ति के सबब हो रहा है। उसकी निर्लज्जता की सीमा नहीं, 'नंग बड़े परमेश्वर से' उनका मूल मंत्र है। उसकी जीभ हर क्षण

स्खलिता है। छिन्न-मस्तक ! मर्यादा नामक किसी चिड़ियाँ से उनका परिचय तक नहीं ……।

कभी-कभी ऐसा ही लगता है शास्त्री जी, जैसे इस 'उच्च' कुल का कलंक मैं ही हूँ। और सब तो… …

युद्ध का भय मुझे कभी नहीं सताता। परिणय से अविचलित भी रह सकता हूँ पर उस फोड़े पर नश्तर क्या चलाना होगा जो पिता-माँ को गर्दन पर है। और उनकी मान-रक्षा, बुढ़ापे को सुखद बनाने के लिए यदि यह जोखिम ले भी बैठूँ तो सच जानिए, रथ का टूटा पहिया हाथ में लिए अकेला खड़ा रह जाऊँगा और बूढ़े हिमालय के अतिरिक्त जिन्हें इसमे लाभान्वित होगा होगा, वे सब दूर छिटक जाएँगे और इस घिनौने कीड़े के पास तक नहीं फटकेंगे। 'जर-जमीन और जोरू' तीनों घटकों का सम्मिश्रण है जहाँ, वहां क्या कबीर भी किसी की खैर मना सकता है ?

किसी की गोद में सिर रख कर रोने को मन होता है न ऐसे में ! मैं किसकी गोदी में सिर फेंक दूँ।

'मैं प्रसंगवश कह बैठा हूँ
तुमसे अपनी रामकहानी'

अन्यथा मत लीजिएगन। कह देने से; सुना है; दुख हलका होता है। 'वर दे मोहिं सिवा जूझि मरौं रन में' का युग होता तो कब का जूझ मरा होता।

कल इन्द्र जी और मारुति बाबू पधारे थे—सांझ को। दोनों ज्वर-ग्रस्त। इन्द्र जो की रुग्णता में कतिपय और भी उपसर्ग जुड़े है।

दिसम्बर में यदि मैं न आ पाया दर्शनार्थ तो मई तक बात गयी।

मां जी और आप मेरा प्रणाम स्वीकारें।

(२)

गंगेश गुंजन — बी० एन० कॉलेज, पटना
बी० ए० (ऑनर्स) संस्कृत, पार्ट-वन — (पटना विश्वविद्यालय)

दिनांक–१३-२-६५

पूज्य आचार्य-श्री,

भूरिशः प्रणाम !

'वेला' पढ़ी। पढ़कर मन सुमन हुआ। वहीं कांटे की चुभन से भी भर उठा। मैं आपको कुछ सलाह दूँ, इस योग्य

नहीं। पात्रता मेरी आपसे आशीर्वाद लेने की ही है। इसके बावजूद आपके ही शब्दों में कहूँ—

मति मन्द, अन्ध गति

× ×

अंगार कहां हुँकारूँ मैं !

× ×

दुनियादारी सीखी न कभी,
कैसे अहसास सँवारूँ मैं !

'मानस की महिमा', 'राम की शक्ति पूजा' और 'बांकपन का बादशाह : आचार्य जानकीवल्लभ शास्त्री' इन तीनों को मैं क्रमशः पढ़ गया। ये तीनों निबन्ध विषय वस्तु और शैली की दृष्टि से एक-दूसरे से सर्वथा भिन्न हैं। भिन्नता के स्वभाव में ही पहचान बनती है—'Style is the Man'। केसरी कुमार के शब्दों में—शैली देह की चमड़ी होती है। यह सब ठीक-ठाक है 'वेला' जैसी पत्रिका के स्तर के लिए। सबसे खटकनेवाली बात यह है कि 'निराला-निकेतन' की पत्रिका 'वेला' पता नहीं, अनपेक्षित रूप से अशुद्ध मुद्रण का क्योंकर इतना शिकार है ? 'बांकपन का बादशाह : आचार्य जानकीवल्लभ शास्त्री' निबन्ध की तो हत्या ही हो गयी है।

'चाणक्य' उपन्यास की पहली किस्त से गुजरने का सौभाग्य इस १२६वें अंक के साथ हुआ। शास्त्रीय तथ्य औपन्यासिक कलेवर में आपकी दमदार लेखनी से स्फुरित हो रहा है। इतिहास पर पड़ी धूल का भी मार्जन संभवतः इस उपन्यास से होगा। काश ! पटना के किसी बुक-स्टॉल पर भी 'वेला' विहँसती मिलती ! ✳

✳ इधर चुनाव के चलते एक लम्बे व्यवधान के बाद प्रेस मिला भी तो इस ठस्से के साथ कि तुर्त-फुर्त अङ्क निकलवा लूँ ! घोड़े पर चढ़े राहगीरों ने कोड़े की तरह कलम चलाई। प्रूफ हो गया, वह साहित्य के लीडर ही अधिक हैं, प्रूफ-रीडर नहीं।

'वेला' अकेले-अकेले की नाकाम कोशिश है न !

यहाँ आप-जैसे चौकस सहयोगी कहाँ ? —सं०

●

अमृत महोत्सव '६५

संकलन-सम्पादन

छाया देवी

आलेख

आचार्य जानकीवल्लभ शास्त्री की कविताओं में राष्ट्रीय भावना

☐ नरेन्द्र देव "प्रबुद्ध"
एम० ए०, (शोध प्रज्ञ)

लेखक, समाज अथवा यों कहें, राष्ट्र का सर्वाधिक चिन्तनशील सजग प्रहरी होता है, जिसके विचारों का सम्बन्ध आस-पास के परिवेश के साथ-साथ प्रकृति को अतरग और बहिरग स्थितियों से होता है, जिसमें हृदय को छूनेवाली मार्मिक संवेदनाएँ संगुम्फित रहती हैं।

हिन्दी भाषा साहित्य में कई ऐसे महारथी साहित्यकार हुए हैं, जिन्होंने अपनी साहित्यिक उपलब्धियों के कारण यथोचित प्रतिष्ठा पाई है।

आचार्य जानकीवल्लभ शास्त्री उन्हीं मनीषी महारथियों में अपना एक बिशिष्ट स्थान रखते हैं, जिन्होंने अपनी विशाल-साहित्य श्रृंखला में मानवीय मूल्यों के साथ-साथ राष्ट्रीय चेतना को जीवन देनेवाली अवधारणाओं को अत्यन्त ही महत्वपूर्ण स्थान दिया है। आचार्य शास्त्री की कविताओं में राष्ट्रीय-भावना पर प्रकाश डालने के पूर्व यह विचार कर लेना सर्वाधिक समीचीन होगा कि आखिर राष्ट्रीयता है क्या? इस शब्द की परिभाषा का स्वरूप कैसा है? इसपर जब हम गम्भीरतापूर्वक विचार करते हैं तब इस निष्कर्ष पर पहुँचते हैं कि राष्ट्र के नाम पर सीधी-सीधी बातें कर लेना ही केवल राष्ट्रीय भावना का द्योतक नहीं है, अपितु परोक्ष रूप में भी राष्ट्रीय चेतना को अभिप्रेरित करने वाली शक्ति से संवलित साहित्य-साधना भी उच्च कोटि की राष्ट्रीयता का पर्याय होती है।

जहाँ तक मैं समझता हूं—शास्त्री जी में दोनों तरह की बातें देखने को मिलती हैं। एक ओर जहाँ इनकी कविताओं में राष्ट्र से संबद्ध भावों के प्रत्यक्ष दर्शन होते है दूसरी ओर वहीं इनका साक्षात्कार परोक्ष रूप में सारगर्भ अर्थवत्ता से सम्पन्न पदावलियों में भी होता है। केवल जरूरत होती है अपनी मेधाशक्ति के भरपूर उपयोग की।

कुछ लोगों का यह भी मानना है कि आचार्य शास्त्री की कविताएँ प्राय: वैयक्तिक अनुभूतियों के उस धरातल पर खड़ी है, जहां इनका क्षेत्र व्यापक होने के बजाय सिमट कर अत्यन्त ही छोटा हो जाता है, उनसे सम्बद्ध संवेदनाएँ स्वयं तक ही सीमित रह जाती है। राष्ट्रीय उद्‌गारों का तो प्रश्न ही

नहीं उठता। लेकिन मेरी दृष्टि में आलोचकों का वह पूर्वाग्रही समुदाय दिग्भ्रमित मालूम होता है। इस तरह की अवधारणायें उसकी अल्पज्ञता का ही कुपरिणाम हैं।

समीक्षा की कसौटी पर जब हम इनकी कविताओं को समझने और परखने का प्रयत्न करते हैं, तब देखते हैं कि मात्र राष्ट्रीय भावना ही नहीं, विश्व चेतना को उद्‌बुद्ध कर देने वाली क्षमता भी इनमें समाहित है। शास्त्री जी राष्ट्र शब्द का संकीर्तन कर राष्ट्रीयता से संबद्ध कृत्रिम आवेगों का प्रदर्शन करना नहीं जानते जिससे जन-साधारण का अच्छा मनोरंजन होता रहे, बल्कि ठीक इसके विपरीत सच्ची राष्ट्रीयता का शंखनाद करने वाली इनकी कविताओं के अंत:करण में तो राष्ट्रीयता की स्रोतस्विनी ही प्रवहमान होती मालूम पड़ती है।

श्री शास्त्री जी, जैसा कि हम जानते हैं, संस्कृत और हिन्दी दोनों भाषाओं के मूर्धन्य महाकवि हैं। इन्होंने चाहे हिन्दी की कविताएँ लिखी हो या संस्कृत के गीत रचे हों, जहाँ-कहीं भी इनका हृदय राष्ट्र प्रेम से द्रवित हुआ है, भावनाएँ बड़ी निपुणता के साथ इनकी कविताओं में आकर प्रतिष्ठित होती चली गई हैं।

समाजवाद और साम्यवाद की वंदना करने वाला कोई कवि भला मातृ-भूमि के प्रेम से कैसे वंचित रह सकता है? समानता की आकांक्षा भी तो हमारी दृष्टि में राष्ट्र-प्रेम का ही अपर रूप है। शास्त्री जी लिखते हैं—

एक साथ हिलें मिलें सब
एक डाली पर खिलें सब
एक गत पर विश्व भर का
एक स्वर का हो गला।

उपर्युक्त पंक्तियों में एक ओर अटूट राष्ट्र प्रेम से अभिसिंचित कवि की समतावादी भावनाओं की अनुगूँज सुनाई पड़ती हैं, वहीं दूसरी ओर इनके सस्क्रत गीत की निम्न पंक्तियों में राष्ट्र के लिए कवि की भावना का पूर्ण समर्पण परिलक्षित होता है—

नि:स्व निरात्म विश्वमिदं पाति भारतम्,
मैत्रीस्पृशा दृशास्ति जितागति भारतम्।
दूर्वाऽपि चन्दनायते काशोऽपि कुशसम:
उच्चावचं परीक्ष्य पुरो याति भारतम्।

इन पंक्तियों में तो निहित राष्ट्रीयता अपने चरमोत्कर्ष पर आसीन प्रतीत होती है।

कविमनीषी शास्त्री जी गंभीर चिंतन-सम्पन्न साहित्य-साधना के विरल साधक हैं।

यही कारण है कि हृदय से प्रस्फुटित होने वाली भावनाएँ सर्वथा अकृत्रिम होती हैं, स्वाभाविकता के करीब होती हैं। इनमें कुछ ऐसी विशेषता रही है जिसकी वजह से वे औरों से नितान्त भिन्न हैं। उनकी राष्ट्रीय भावना के संवाहक प्रायः किसान और मजदूर होते हैं। इनकी दृष्टि में मानव मात्र का यही वर्ग किसी भी राष्ट्र की राष्ट्रीयता के प्राण होता है। खासकर भारत जैसे राष्ट्र के लिए तो इस प्रकार का दृष्टिकोण नितान्त अपेक्षित है क्योंकि भारत की आत्मा गाँवों में ही प्रतिष्ठित है। किसान और मजदूर गाँव की ही देन हैं।

'फाल्गुन" आ चुका है। बसन्त के आरम्भ का सबसे महत्वपूर्ण समय भी यही है। क्या गरीब क्या अमीर सभी श्रेणियों के लोग बड़े उत्साह के साथ राष्ट्र प्रेम के संदेश से सम्पन्न इस होली के त्योहार का स्वागत करते हैं। मजदूर भी कम खुश नहीं होते यद्यपि उनकी दिन भर की कमाई में प्राप्त मजदूरी बहुत अल्प होती है। फिर भी राष्ट्रीयता से परिपूर्ण उसका अदम्य उत्साह श्री शास्त्री की "पाषाणी" की निम्न पंक्तियों में द्रष्टव्य है—

"रंगा लो, अपना-अपना पाग कि फाल्गुन आने वाला है।
मजूरी अगर खरी मिल जाय मुनाफे की किसको परवाह,
रंगा लो अपना-अपना पाग कि फाल्गुन आने वाला है।"

शास्त्री जी की कविताओं को निकट से देखने पर एक बात और भी स्पष्ट होती है, और वह यह कि इनके कवि-हृदय की प्रतिक्रिया का सम्बन्ध चाहे वैयक्तिक धरातल से हो या फिर राष्ट्र-जागरण से, भावनाएँ हृदय को छूने वाली होती हैं। इनका कविताओं में पीड़ित मानवता के लिए तो स्वाभाविक दर्द होता है, एक असह्य वेदना होती है। उत्कृष्ट मानवता में राष्ट्र का कल्याण निहित होता है लेकिन मानवता जहाँ अस्वस्थ होती है, वह पतन के करीब होती है। राष्ट्र-हित की बातें गौण हो जाती हैं, राष्ट्रीय चरित्र का हनन हो जाता है। तभी तो मानवता के ह्रास से दुःखी इनके हृदय की भावना निम्न पंक्तियों में प्रस्फुटित होती है—

"रक्त-पिपासा मानव प्यासा मानव के शोणित का
वृद्ध धरिणी-भोग रोग, औषध जन-यौवन हित का।"

उपर्युक्त पंक्तियों से यह साफ-साफ पता चलता है कि कवि की भावना में निहित राष्ट्रीयता कितनी परिशुद्ध है, कितनी स्वाभाविक है। तभी तो वह अपनी अनुभूतियों को इस प्रकार की वाणी देने के लिए विवश हो उठता है।

इतना ही नहीं, वर्तमान की परिस्थितियों से ग्रस्त और अशांत कवि-हृदय अतीत में उलझ कर अपनी राष्ट्रीय भावना की रक्षा करता दिखाई देता है। कवि कहता है—

"युद्ध हताहत विश्व-प्राणि अपनाएँ प्रीत पुरानी,
तुम आओ, पीड़ित मानवता पाएँ मार्मिक वाणी।"

शास्त्री जी के हृदय की वाणी अभिव्यंजना के भिन्न-भिन्न मार्गों से होकर गुजरती है। कभी तो दार्शनिक तथ्यों से अपना सम्बन्ध स्थापित करती है, तो कभी वर्तमान के संदर्भ में अतीत चिंतन के साथ कदम से कदम मिलाती हैं। कभी-कभी ओजपूर्ण शब्दों के माध्यम से प्रकट होती हैं, तो जब कभी व्यंग्य-वाण पर आरूढ़ होकर सामने आती हैं।

इनकी निम्न पंक्तियों में भी राष्ट्रीयता के सौरभ का आभास प्रकारान्तर से साफ-साफ मिलता है। कवि राष्ट्र के बारे में सोच सोचकर लोगों के नैतिक पतन की पराकाष्ठा को देखते हुए निराशाओं के घेरे में आबद्ध हो जाता है, और कहने के लिए आतुर हो जाता है—

"कुपथ-कुपथ रथ दौड़ाता जो, पथ निर्देशक वह है।
लाज लजाती जिसकी कृति से, धृति-उपदेशक वह है॥"

× × × ×

जनता धरती पर बैठी है, नभ में मंच खड़ा है।
जो जितनी है दूर मही से, उतना वही बड़ा है।

कवि सोचता है कि क्या अपने राष्ट्र के तथाकथित नेताओं अथवा समाज उद्धारकों का वह समुदाय मेरे व्यंग्य से लज्जा का अनुभव करेगा और देश पर तरस खाकर इसकी गरिमा के रक्षार्थ स्वयं में चारित्रिक उत्थान की भावना लाएगा?

उपर्युक्त पंक्तियों में राष्ट्र प्रेम के सबल पक्ष का शीर्षस्थ निदर्शन हुआ है।

"गाथा" की निम्न पंक्तियों में भी राष्ट्रीय-चेतना की श्लाघनीय अभिव्यक्ति विशेष रूप से द्रष्टव्य है :

"किसी तरह ढक जाये ! धिक्-धिक् ! यह भारत की माता ?
किसी तरह ढक जाये ! जय हे भारत भाग्य विधाता !"

राष्ट्रीयता की चरम-अभिव्यक्ति का कितना प्रकर्ष उपर्युक्त पक्तियों में हुआ है।

इतना ही नहीं, महाकाव्य "राधा" की निम्न पंक्तियाँ भी प्रस्तुत संदर्भ की परिपुष्टि के लिए नितान्त द्रष्टव्य है—

"बन्द किसकी मुट्ठियों में लोक-बल
डोर सता की संभाल निकाल हल
सब दलों को डाल दल-दल में, गला—
दाल अपनी, राष्ट्र का करना भला।"

राष्ट्रीय भावना की मूल-प्रवृत्ति देश के विकास में सन्निहित होती है। फलस्वरूप चरणबद्ध प्रगति मातृभूमि-प्रेम का वास्तविक पर्याय है। आचार्य शास्त्री लिखते हैं—

"मेरे पथ में न विराम रहा
कुछ दूर और, कुछ दूर और, करता मैं आठों याम रहा।"

मेरी समझ में विराम और प्रगति दोनों शब्द विरोधाभास की स्थिति उत्पन्न करते हैं। तात्पर्य यह कि दोनों एक-दूसरे से सर्वथा भिन्न है। दोनों में एक की स्थिति दूसरे का शाश्वत अभाव उत्पन्न करती है। फलस्वरूप राष्ट्र-हित के अभिलाषी को भला विराम कैसे रास आये ? परिणामत: राष्ट्र की अस्मिता को सुदृढ़ बनाने के लिए वह निरंतर संघर्ष करता है। और उपर्युक्त पंक्तियों के रूप मे अपने हृदय की भावनाओं को अभिव्यक्त करता है।

इस प्रकार हम शास्त्री जी की कविताओं में राष्ट्रीय भावना के संबंध में नि:संदेह कह सकते हैं। राष्ट्र-प्रेम से संबंध रखने वाली इनकी कविताओं में राष्ट्रीयता के भाव का पूर्ण परिपोष हुआ है। सम्बद्ध भावनाएँ सशक्त भूमिका के साथ प्रतिष्ठित हुई हैं।

★

वाणी निकेतन
जनकपुर बुनियादगंज, गया (बिहार)
पिन—८२३००३

आचार्य-श्री और सर्वजीव-समभाव

डॉ० सुरेश पाठक
एम० ए०, पीएच० डी०,
साहित्याचार्य आयुर्वेदरत्न

हमारे देश में सर्वजीव-समभाव की परंपरा आदि काल से है। कहा जाता है कि जीव नाना योनियों में भटकता हुआ मानव शरीर में आता है। तब वह मन चाहा अच्छा-बुरा कर्म करता है। इसके विपरीत अन्य योनियों में यह सुविधा नहीं है। यों सभी देहधारियों में अपनी-अपनी विशेषताएँ हैं। बाघ, सिंह, साँप—सबों में कुछ न कुछ विशेषताएँ हैं। इनसे भी मानव का स्वार्थ सधता है। इन मूक प्राणियों में आदमी के अनेक रोग छुड़ाने की क्षमता है। इतना ही नहीं, जितने घातक देहधारी हैं उनसे भी मानव रोजी-रोटी कमा लेता है। उदाहरणार्थ, हम सर्कश में घातक पशुओं को काम करते देखते हैं। दर्शकों का मनोरंजन होता है और सर्कश वाले का उल्लू सीधा होता है। अपनी सुविधा के अनुसार मानव सबों से उनके जीवन काल तथा उनके बाद भी स्वार्थ साधता है। बंदर को तो मनुष्य का पूर्वज ही कहा जाता है। जो भी हो, यह आदमी से मिलता-जुलता ही है। हाथी, घोड़े, बिल्लियाँ, नेवले, चूहे, गाएँ, भैंसें आदि तो पालतू होते ही हैं। कुत्ते मानव के इतने करीब हैं कि इन्हें अंग-रक्षक के रूप में इस्तेमाल किया जाता है। ये इतने स्वामी-भक्त होते हैं कि मनुष्य इन पर पूरा भरोसा करता है। इस तरह मनुष्य ने मूक प्राणियों की जरूरत समझी, और भयानक पशुओं की सुरक्षा भी आवश्यक समझी गयी, उनके शिकार पर रोक लगायी गयी।

भारतीय धर्म-ग्रन्थों में मानवेतर देहधारियों को पूजने की बात कही गयी है। कई अवतार और देव मानवेतर हैं, यथा—मत्स्यावतार, बाराहावतार, शेषनाग, हनुमान आदि पूज्य हैं। अधिकतर पशु हमारे देवताओं के वाहन हैं हालांकि ये प्रतीक रूप में हैं, यथा—विष्णु का वाहन गरुड़, ब्रह्मा जी का हंस, शिव जी का बैल, दुर्गा जी का सिंह आदि ये सभी सम्मान्य एवं पूज्य हैं। जो बात हमारे पूर्वज बहुत पहले बता गए हैं उसे हम अब पर्यावरण संतुलन के कारण समझने लगे हैं। पूर्वजों ने निःस्वार्थ भाव से जो देखा था, हम उसे स्वार्थ के कारण देख रहे हैं।

साहित्य में हम जो कुछ पढ़ते हैं वह सत्य है। लोक-कल्याण तो उसकी अनिवार्य शर्त है तभी वह सुन्दर होता है, अन्यथा नहीं। सत्यम्,

शिवम्, सुन्दरम् से रहित कोई भी रचना साहित्य कहलाने योग्य नहीं हो सकती। साहित्यकार जब अपने को तपाता है; जलाता है, तब उससे निकली रोशनी समाज का पथ-प्रदर्शन करती है। वह सर्वस्व समाज के लिए न्योछावर कर देता है। वह मात्र उपदेशक नहीं होता। ऐसे ही रचनाकार का साहित्य पठनीय होता है तथा अमरता को प्राप्त करता है। साहित्य पेशा नहीं साधना है—तपस्या है। यह साधना जब ऊँचाई पर पहुंचती है तो साधक ईश्वर की निकटता प्राप्त करता है।

महाकवि आचार्य जानकी वल्लभ शास्त्री जी की साहित्य-साधना ऐसी ही है। वह साधना की सर्वोच्च सीढ़ी पर पहुंच चुके हैं। उनका सारा जीवन समर्पण की कहानी है। मात्र लेखन ही नहीं; कर्म भी समपर्णमय हैं। जो लोग उनके साहित्य में आनंद लेते हैं वे कभी उन्हें निकट से देखने का भी कष्ट करें तभी उन्हें यह बात मालूम होगी कि वह 'मनस्येकं वचस्येकं कर्मण्येकं महात्मनाम्' के उदाहरण हैं। आपको इस बात की परवाह नहीं है कि कोई आपको कितना मानता है। जो कभी आपकी उपस्थिति को आँखों का काँटा मानते थे वे आज निकटता प्राप्त कर आपको अत्यन्त कोमल देखते हैं। उनके पूर्व के कटु व्यवहार आचार्य जी को कठोर नहीं बना पाते। यह तो मानवता के प्रति व्यवहार है। आपके विशाल हृदय में कुत्तों, बिल्लयों, चूहों, चिड़ियों गौओं, बछड़ों–सभी के लिए पर्याप्त जगह है। स्वयं, अन्न-जल लेने के पूर्व इन सभी मूक प्राणियों को चारा, दाना एवं जल देते हैं।

यह मानवेतर प्रेम आपके साहित्य में भरा पड़ा है। लाख पदों वाली हिन्दी की अकेली रचना—'राधा' महाकाव्य के प्रणय पर्व में गौओं के प्रति आपका प्रेम दर्शनीय है। जंगल में आग लगने पर, आँधी आने पर चरवाहे भागते हैं; साथ ही गाएँ भी भागती हैं। उस समय के भयानक दृश्य का चित्रण देखिए—

'नंदनी—जयंती भागीं बारी-बारी।'

पर नई ब्याई मंगला भाग न सकी। वह खड्ड में गिरी, और रंभाने लगी। यह कारुणिक दृश्य इस प्रकार वर्णित है—

',मंगला नई ब्याई थी, भाग न पाई।
गिर गई खड्ड में फिर-फिर करुण रंभाई॥"

महाकवि का गो-प्रेम स्वयं 'राधा' के मुँह से निःसृत होता है—

"गायों से मेरा जनम-जनम का नाता।"

आचार्य श्रीने अपनी अमरकृति 'अष्ट पदी में मानवेत्तर प्राणियों के प्रति अपार प्रेम व्यक्त किया है; हृदय निकाल कर रख दिया है। स्मरणीय है कि उमा नामक बाछी को आचार्य श्री स्वयं चारा देने गए; और उसने उन पर वार किया जिससे उनकी जाँघ की हड्डी टूट गयी। चिकित्सा राजेन्द्र मेडिकल अस्पताल पटना में हुई। आपने उसे किसी को एक छड़ी भी नहीं मारने दिया; उसके लिए खास ध्यान देने की कड़ी हिदायत दी : इस कृति में आपका मानवेत्तर प्रेम स्पष्ट रुप से वर्णित है—

"रुपया चाहे जैसे भी हो, बटोरकर ऐशो आराम की जिंदगी गुजारना सपने में भी नहीं सोचा था तो भी जाने क्यों पशुता मेरे मन को वन बनाए हुए थी, निर्भय और स्वच्छंद विचरने, दबने और चीखने के लिए। मैंने पीछे उसे पशुओं से मैत्री करना यूं ही नहीं सिखाया था, काँटे से काँटा निकालना चाहा था।··· ··· ··· अपनी पशु प्रकृति जिससे परवरिश पाती मैं उस पैसे को ही पशुओं की सेवा में चुका देता था। न रहेगा बाँस न न बजेगी बंसरी। मगर ऐसे न पैसे पर काबू पाया जा सकता है, न पशु-प्रकृति पर। सच तो यह है कि मन का मार्जन अभाव से संभव ही नहीं है।

गाय-बछड़े कब से इनके यहां पल रहे हैं इसका रहस्य बतलाते हुए मूक प्राणी—गाय के प्रति स्नेह की चर्चा इस प्रकार करते हैं—"पिछले पैंतीस साल से गउओं और बछड़े-बछरुओं के साथ बिताए हैं। उनके हर दुःख-सुख में बढ़कर हाथ बटाया है, ऐसे में यह क्या हो गया कि अट्ठारह जुलाई पचासी की सुबह-सुबह साल सवा साल की कुङ्कुमी उमीने अपने बिना सींग के चन्द्र चारु माथे से मुझे मारा और ऐसा मारा कि मैं बिलाव के जबड़े से मोट चूहे की तरह उछला और पास ही बँधे साँढ़ की गोद में औचक जा गिरा और साँढ़ भी ऐसा कैसा अवढर दानी निकला कि मुझे सख्ती से कुचलने के वजाय दर्दीले प्यार के चटखारे लेकर चाटने लगा। बाद पर-छितरा अँधेरा हो गया उघड़े टखनों की रुखड़ी त्वचा, उसकी खुरदुरः जीभ यहाँ वहाँ खरभराती रही।"

आचार्य जी के शरीर पर बिल्लियाँ बैठी दिखती है। इनकी दृष्टि में मनुष्य और कुत्ते–बिल्लियों में कोई फर्क नहीं है; एक ही आत्मा अनेक देहों में है या सभी आत्माएँ विभिन्न शरीरों मैं है;। पशुओं में मानवता

दर्शन और कौन कर सकता है? सबों को समान स्नेह और कौन दे सकता है?

अलका ने बच्चे दिए थे। एक बहुत चीख रहा था। हमने उसे नेट की आलमारी में बन्द कर दिया था। तभी कहीं से घूमफिर कर अलका आई। मुझे किसी काम से बगल के कमरे में घुसते ही एक और नन्हीं-मुन्नी अलका, के रूप में अजूबा सा दिखलाई दिया।··· ··· ···मैं आनन्द का आवेग न सँभाल सका। मुन्नी को चूमता-पुचकारता छाया को दिख-लाने ले आया। वह अनमनी सी सोई पड़ी थी। कोई खास दिलचस्पी नहीं ली। इस कामकाजी दुनिया में कुत्ते बिल्लियों को लेकर फालतू माथा पच्ची करने की किसे फुर्सत है?" ··· ··· ····

इस बिल्ली के बच्चे के प्रति अपना स्नेह इस प्रकार व्यक्त करते हैं। क्या किसी भाँति आचार्य जी का स्नेह किसी मानव का अपने शिशु से कम है?

···· ···· ····"अलका अभी चुमकार ही रही थी कि दूध में मुँह लगाए शिशुओं को किधर से भी औचक आकर शशाङ्क ने दबोच लिया। शशाङ्क अलका का सगा भाई था"

मृत विडाल शिशु के प्रति आप अपना स्नेह इस प्रकार व्यक्त करते हैं—"अरी ओ हर घड़ी याद आने वाली, मुझ मंद मति की वदनीय सुन्दरता, मैं अभी-अभी तुमसे मिलने आ रहा हूं। मेरा मासूम गुनाह चाहे माफ न करना, मोर मुकुट-सी अपनी इन्द्र धनुषी छविछटा जरूर निहारने देना।"

महाकवि की चौकी पर कुत्ते भी बैठे दिखते हैं। वे भी उन पर उतना ही अधिकार रखते हैं जितना उनके निकटवर्त्ती साहित्यकार: यह अपमानित व्यक्ति अपनी तुलना कुत्ते से करता है। ऐसा ही अपमान के उदाहरण स्वरूप कुत्ते के प्रति आप अपना अनुराग इस प्रकार प्रकट करते हैं जैसे वह उनका परिवारिक सदस्य हो—

"खीर खा रहा था। एक पिल्ला सटकर खड़ा हो गया। मैंने उसे दो एक चम्मच खीर दे दी। हरारत भरा आया था, खीर खाकर कुछ ताजा हो गया और कृतज्ञता से मेरी आँखों में आँखे डाल दीं। तभी एक दूसरा बड़ा कुत्ता आया और खवा हम खवाह अपने बड़प्पन की तेजी दिखलाने लगा। पलक झपकते खूँखार शक्ल अख्तियार कर पिल्ले की गर्दन दबोचने-मरोड़ने लगा। पिल्ला छटपटा कर चीखा तो मैंने छाया से गिड़गिड़ाकर छुड़ा

देने कहा। उनके तीखे तेवर ने झिड़का : क्या बकवास है! खेल रहे हैं! दिनभर सयाने छोटों को यूँ ही खिलाते रहते हैं!

"किन्तु यह क्या, देखते-देखते पिल्ले ने चीख चिल्लाकर वहीं दम तोड़ दिया।" श्वान-शावक की मृत्यु ने कवि-हृदय को अतिशय दुःखी बना दिया। उन्होंने अपनी यह व्यथा इन शब्दों में व्यक्त की है—

"प्यारे पिल्ले, मेरे जिस्म का बायाँ हिस्सा सुन्न-सा पड़ा हुआ है, आत्मा गोबर से लिथड़ गयी है, बथान के बीचो बीच धुएं की तरह फैला हुआ हूं। कोई दुविधा नहीं है। बेहद शर्मिन्दा हूं, तुम्हारे पास आने में कितनी देर हो रही है।"

'बाँसों का झुरमुट' नामक कहानी-पुस्तक में एक रचना का नाम है—'बकरे की माँ'। इस कहानी में जमींदार साहब, मौलाना साहब, दया सागर आदि पात्र हैं। इस कहानी के पात्र जमींदार साहब खुशामदी लोगों से घिरे रहते हैं। वह इतने भावुक हैं कि अपने दिमाग से कुछ नहीं कर सकते। पहले तो बन्दूक की परीक्षा लेने के लिए मौलाना साहब पर बन्दूक उठा कर पूछते हैं—"दाग दूँ बड़े मियाँ?' मौलाना के सामने मौत दिखती है तो आँखों में आँसू भरकर अपना कसूर जानना चाहते हैं, पर जब वही बन्दूक एक निरीह बकरी को निशान, बना लेती है तो उन्हें ज़रा भी दुःख नहीं होता। वह उसके गले पर छुरी फेरना नहीं भूलते। इस प्रकार वह मरते मूक पशु पर अपना हक जताते हैं। दूसरा सागर मिश्र रसोइया है जो बकरी को अपना ग्रास बनाना चाहते हैं, पर मौलाना की छूरी लगने से अपना अधिकार जताने से रहा। शास्त्री जी का व्यंग करुण रस में बदल जाता है जब बकरी का बच्चा माँ को खोजता आ जाता है, पर माँ की लाश देखकर 'बड़े ही मर्मभेदी स्वर में 'मैं' 'मैं' पुकारने लगा। आचार्य श्री इसी मूक पशु के नाम पर शीर्षक चुनते हैं—'बकरे की माँ। वह मनुष्य की पशुता पर काफी दुःखी हैं। इसी पुस्तक में एक कहानी है—'मोना'। यह मुन्नी नामक लड़की का तोता है। महावीर जी को धजा चढ़ाने के लिए

सोमरा बाँस काटने जाता है तो उसे सांप डँस लेता है। मीना (सुग्गे) को खोजने के क्रम में जब मुन्नी आती है तो सुग्गा वहीं दिखता है और सोमरा भी। सुग्गा वहीं बैठा था। उसके कारण सोमरा उपचार होने से बच गया। सबों का कहना है कि मीना ने ही सोमरा की जान बचायी। शास्त्री जी मूक प्राणी की मनुष्यता यहाँ उजागर करते हैं—"अरो घास-पात के सहारे ज्यों-त्यों जिन्दगी बसर करने वाले पशु-पक्षियों को मनुष्य किस अपराध के कारण मारकर खा रहा है··· ···?

आचार्य श्री का एक उपन्यास है—"एक किरण: सौ झाइयाँ।" इस रचना में एक सम्पन्न जमींदार घराने की लड़की 'नीना' एक गरीब हरिजन सहेली 'रुमा' के घर जाती है तो उसके पुरोहित रास्ते में मिलते ही पूछ बैठते हैं कि वह कहाँ गयी थी। जब वह अपनी सहेली का घर बताती है तो वह जमकर उसके इस कार्य की आलोचना करते हैं, पर जब वह पुरोहित जी से पूछती है कि वह कहाँ गए थे तो वह कहतें हैं कि एक बूढ़ा बैल बेचने गए थे। जब नीना व्यंग्य करती है कि उन्हें कितना मिला तो बारह रुपये ही बतलाते हैं।

महाकवि हमें कृष्ण का गौओं का चराना (बन्दी मंदिरम् नामक संस्कृत काव्य में) याद दिलाते हैं वहीं—उसी भूमि पर बड़े-बूढ़े गौओं को कसाइयों के हाथों बेचकर अपनी जीविका चलाते हैं। कितना वैषम्य है। स्मरणीय है कि गौओं के दूध, दही, घी खाने के काम में आते हैं, उनके मल-मूत्र भी बड़े उपयोगी हैं, रोग निवारक हैं, पर्यावरण को शुद्ध कराते हैं। आचार्य श्री बड़े दुःखी हैं गौओं की इस दुर्दशा पर –

"मुग्ध : कृष्णश्चटुल चरणश्चारयामास धेनू :।
वृन्दाटव्या मिह नव गतान् सांप्रतं पौर वृद्धा : ॥
गोहिंसार्थं रचित भावनावृत्तिमार्गे वदन्ति।"

('बन्दी मंदिरम्' से)

इस प्रकार हम कह सकते हैं कि महाकवि श्री जानकीवल्लभ शास्त्री

जी का जीवन सेवा-त्याग एवं समर्पण की कहानी है। आपके लिए मानवके ही नहीं, मानवेत्तर प्राणी भी दया एव सहानुभूति के पात्र हैं। कारण यह है कि इन मूक प्राणियों में भी सच्ची मनुष्यता पायी जाती है।

ग्राम-पाठक बिगहा,
पो०-बढ़ेता द्वारा नगला किजर,
जिला-जहानाबाद
(बिहार)

---

१. "नीना बिटिया, दो अक्षर पढ़ लेने से 'शूअर' को 'भैंश' का दर्जा नहीं मिल जाता। आपकी प्रजा है। 'शौ' बार ड्योढ़ी पर नाक रगड़ेगी। किन्तु आपको 'उसके' घर किसी भांति नहीं जाना चाहिए।"

नीना ने किंचित स्वर में कहा "पंडित जी, वह मेरी सहेली है। फिर' यह सोचकर कि कहीं ब्राह्मणके धर्म भीरु मर्म पर आघात हुआ हो, नीना बांसुरी छेड़ दी :

पंडित जी, इस समय कहाँ से आ रहे हैं ?

"बैल बेंचने गया था, नीना बिटिया। बूढ़े हो गए थे।"

बूढ़े बैल किसने खरीदे होंगे ?

किसी कुजड़े ने खरीदे होंगे, बिटिया ! बहुत बूढ़े हो गए थे। वर्षों जुत चूके थे। अब 'उनसे' क्या फायदा था ? "छी-छी पंडित जी कुंजड़े के हाथों बेंच दिए। वह क्या करेगा ? अब जो करे बिटिया ! मुझे तो बारह रूपये मिल गए।' (पृ० ८६) -एक किरण. सौ झाइयाँ

नये चौखठे की तलाश

—डॉ० राम गोपाल पाण्डेय

वर्तमान की उपलब्धि के प्रति असंतोष अथवा उसकी उपयुक्तता पर ही संदेह तलाश की मूल वजह है। महाकवि आचार्य जानकीवल्लभ शास्त्री की निश्चित पहचान में अद्य-पर्यन्त आलोचकों ने कुछ ऐसे ही कार्य किए हैं, जिनसे असंतोष उभरता है।

निराला, प्रसाद, पंत और महादेवी वर्मा की रचनाओं में छायावादी गुणवत्ता की प्रखरता के कारण उन्हें छायावाद की चौखट में फिट पाते हैं। इनकी पहचान पेचदार नहीं।

प्रगतिवाद की चौखट में केदारनाथ अग्रवाल, रामविलास, शर्मा नागार्जुन, रांगेय राघव, शिवमंगल सिंह "सुमन" त्रिलोचन प्रभृति कवि कलित—ललित लगते हैं।

"दिनकर" अपने को द्विबेदी-युगीन और छायावादों काव्य-पद्धतियों का वारिस मानते थे। उन्हीं के शब्दों में—"पन्त के सपने हमारे हाथ में आकर उतने वायवीय नहीं रहे, जितने की वे छायावाद-काल में थे, किन्तु

द्विवेदी-युगीन अभिव्यक्ति की शुभ्रता हमलोगों के पास आते-जाते कुछ रंगीन अवश्य हो गयी। अभिव्यक्ति की स्वच्छता की नयी विरासत हमें आप-से-आप प्राप्त हो गयी —"हिन्दी साहित्यकोश भाग–२, द्वितीय सं० पृ०-५१५

वैसे "दिनकर' अपने आपको मानते जो रहे हो, उनके लिए प्रगतिवाद की चौखट बेडौल नहीं कही जा सकती। मार्क्सवादी चेतना के चारण के रूप में इनकी प्रसिद्धि असिद्ध नहीं है।

"बच्चन" के बारे में भी हो हल्ला करने की जरूरत नहीं।" "हाला-वाद" की चौखट इनके लिए चामरिक गरिमा की सूचिका है।

नरेन्द्र शर्मा और अंचल की कविताओं की अन्तरचेतना रोमैंटिसिज्म में ऊंघती प्रतीत होती है।

अज्ञेयजी का अपना एक खास वाद है—प्रयोगवाद। ये ही इस वाद के स्वयम्भू एव शिरोभूषण हैं। इसलिए, इनकी पहचान में भी किसी तरह की पेचीदगी नहीं।

इस तरह हिन्दी के अनेक कवि हैं, जैसे डॉ० प्रभाकर माचवे, गजानन माधव "मुक्तिबोध" जिन्हें किसी-न-किसी वाद की चारु चौखट में फिट कर संतोष की सांस ले सकते हैं। किन्तु आचार्य जानकीवल्लभ शास्त्री जी ही हिन्दी के एक ऐसे किमाकार कवि हैं, जिन्हें कोई न तो वादों के कजरारे बादलों से ढँक सकता है, न तो किसी वाद के वक्षस्थल पर कौस्तुभ-मणिके सदृश सजाकर ही मोल बता सकता है।

१९४१ में रामवृक्ष बेनीपुरी ने भविष्यवाणी की थी कि जानकी वल्लभ शास्त्री हिन्दी के एक ऐसे कवि हैं जिनके बारे में हम कोई भविष्यवाणी नहीं कर सकते। तात्पर्य कि यह कवि सतत वर्द्धमान है। इसके काव्य मन्दिर का कौन-सा कंगूरा परिचय का केन्द्र बनेगा, कोई बता नहीं सकता।

प्रसाद के काव्य मन्दिर का कगूरा शैवदर्शन है, तो निराला का अद्वैत-दर्शन, वहाँ पंत का अरविन्द-दर्शन। इसी तरह हर कवि किसी-न-किसी दर्शन की भावाभिव्यक्ति में अपनी सफल-असफल पहचान अवश्य रखता है। शास्त्री जी की काव्य-कला का पूर्ण परिपाक परिचायक महाकाव्य "राधा" है। डॉ० राजेश्वर प्रसाद सिंह ने "अस्तित्ववादी मनो-विश्लेषण और "राधा" महाकाव्य शीर्षक से हमें बतलाया है कि महाकवि शास्त्री जी की "राधा" अस्तित्ववाद की भारतीय सरणी पर सहज स्फूर्त गरिमामयी

अभिव्यक्ति हैं। डॉ० सिंह के शब्दों में-"शास्त्री जी ने अस्तित्ववाद के पश्चिमी साँचे में ढालकर किर्कगार्द के चोर-उच्चके या कामू के ऐबसर्ड या दोस्तोवस्की के अपराधी चरित्रों की सृष्टि नहीं की है। उन्होंने ऊर्जस्वित भारतीय चिन्तन धारा के मध्य ही अस्तित्व-बोध के प्रश्नों को विश्लेषित किया है, उसे नया आयाम दिया हैं। "राधा" चिन्तन की इस नूतनता से महिमामंडित महाकाव्य है।"

—आचार्य जानकीवल्लभ शास्त्री की साहित्य-साधना प्रथम खण्ड १९९२, पृ०-१०६

निष्कर्षत: शास्त्री जी के काव्य-मन्दिर का कीर्तिदायक, कांत-कंगूरा अस्तित्व दर्शन है। वाद से हटकर दर्शन की चर्चा सुनकर आपके होंठ राधा" से यह कहने के लिए अवश्य फड़ फड़ाते होंगे कि-पथ से पथ, पथ से अपथ कहां ले आए ?"

क्यों ले आए ? "प्रश्न की जगह कहाँ ले आए ?" प्रश्न से राधा का शील उद्‌गीय मंत्र बन जाता है, जो भारतीय आर्य ललना का शिरोरत्न है। लेकिन, आपके प्रश्न से तो अपनी ही मिट्टी पलीत होना चाहती है। मैं तो 'पथ से अपथ" चलाकर केवल यह निवेदन करना चाहता था कि दर्शन की भूमि पर शास्त्री की पहचान में सारल्य है। कठिनाई वहाँ उठ खड़ी होती है जहाँ हम छायावात जैसे किसी वाद की चौखट में उन्हें फिट-फाट करना चाहते हैं। यह सही है कि छायावादी भावधारा और शैली में इतनी प्रखरता थी कि बहुतेरे कवियों ने अपनी पहचान उसके समक्ष खो दी, लेकिन शास्त्री जी ने सजग भाव से अपनी हशमत हवा न होने दी। शास्त्री जी की पहचान में डॉ० मारूतिनन्दन पाठक की अंगदपदी स्थापना इस तथ्य का पक्का प्रमाफ है :– "शास्त्रीजी छायावाद मे प्रथमत: इसी बिन्दु पर अलग हैं कि छावावाद की कविता आत्मोन्मुख है, किन्तु शास्त्री जी की कविता समारोन्मुख है। छायावाद में स्वप्नों में जो पलायन की वृत्ति दिखाई पड़ती हैं, वह शास्त्री जी में कहीं नहीं है। शास्त्री जी में आत्मपरक अभिव्यक्ति अवश्य है और पर्याप्त भी है किन्तु वह वस्तुपरकता की आत्मपरक अभिव्यक्ति है। इस दृष्टि से वह सभी छायावादी कवियों से भी अलग हो जाते हैं।"

—आचार्य जानकीवल्लभ शास्त्री, समकालीनों की दृष्टि में प्रथम सं०–१९८९, पराग प्रकाशन पृ०–१५।

अब प्रश्न ऊठता है कि जब शास्त्री जी को छायावादी नहीं कहा जा सकता, तो क्या वे प्रगतिवादी खेमे के कात्र हैं ? अगर नहीं, तो वे अवश्य-मेव प्रयोगवादियों की पंक्ति में विराजते होंगे। लेकिन मारुतिनन्दन पाठक बेबाक बतलाते हैं–"शास्त्री जी की रचना–प्रक्रिया सर्वतोमुखी ग्रहणशील रही है। इसलिए उनकी कविता में प्रगतिवादी, प्रयोगवादी, नयी कविता समेत आधुनिक कविता की समस्त विशेषताएँ एकात्म होकर घुल–मिल गयी हैं।–वही, पृ०–२३

ऐसी स्थिति में शास्त्री जी पर यह कहावत चरितार्थ होने लगती है कि Jack of all trades but master of none किन्तु, यह निष्कर्ष क्या निरापद है ? कथमपि नहीं, क्योंकि शास्त्री जी Jack of all trades होते हुए भी Master of none के शिकार नहीं हुए। उनमें Master of none की जगह Master of one की सुदृढ़ स्थिति है। शास्त्री जी के पूरे काव्य साहित्य को यदि हृदयंगम किया जाए, सो यह स्पष्ट हुए बिना नहीं कि शास्त्री जी डॉ० हजारी प्रसाद द्विवेदी के शब्दों में "विशाल सांस्कृतिक परम्परा के बेजोड़ कवि' हैं। यहीं वे आधुनिक काल के तमाम कवियों की पंक्तियों में अग्रपांक्तेय हो जाते हैं। अपनी कविताओं में साँस्कृतिक संप्रषण की जैसी विशद एवं समुज्वल अभिव्यंजना उन्होंने की है वैसी उत्तर छायावाद काल के कवियों में दुर्लभ है। अतः 'सांस्कृतिक संप्रेषण का विराट् संवाहक कवि' की चौखट हमें तलाश से प्राप्त है जिसमें यह महाकवि फिट है, ठीक है।

संस्कृत महाविद्यालय धानामठ,

काब, पटना।

१ फरवरी, १९९५ ई०

(सभी बड़े-छोटों की सम्मिलित)

काव्य-कुसुमाञ्जलि

(१)

—डॉ० मतिकान्त पाठक 'मधुव्रत'
भागलपुर वि० वि०

शुभ्रश्रियावलयिता नवकुन्दमाला
स्वर्णाभधान्यविभुता धरणीप्रसूता ।
हैमन्तिकी तुहिनभारनताब्दशोभा
सर्वाः सृजन्तु भवतां नवखृष्टवर्षम् ॥
शुभ्रश्रीवलयित कुन्दमाल
धरणीप्रसूत स्वर्णायजाल
भारत-जीवन—धान्य प्रवाल शोभाधर
हैमन्त हिमानी तुहिन-भार
प्रान्तर तरु-तृण सुषमा अपार
यह नवल खृष्ट दे खोल द्वार मोदाकर !
तुहिन श्रीसवलितः प्रत्यग्रकुन्दानुगो रुचिरतरः ।
स्वर्णाभधान्यशोभी सोऽव्यादनिशं नवखृष्टाब्दः ॥
तुहिन-भार-रुचिर कुन्द,
धान्य स्वर्णिमा अमन्द;
साथ लिए मन्द-मन्द—
आया खृष्टाब्द नवल :
रक्षित हों आप अहोरात्र !

(२)

—डा० महाशङ्कर मिश्र, मुजफ्फरपुर

आचार्यश्री जानकीवल्लभ शास्त्री के निमित्त—

वाणी-तनय, तव अमृत पर्व
सोल्लास हम मनाएँ
प्रतिवर्ष यह आए !
शत शत वसन्तागम सुशोभित हो,
स्वर-लयमय सुछन्द प्रबन्ध मधुदित हो,
तव काव्य वीणा नित्य झङ्कृत हो
भारत संस्कृति रहे उज्ज्वल

कला हे ज्ञानमय निर्मल धवल
यह देश नवल प्रकाश शुभ पाए
बाणीतनय, तव अमृत पर्व
सोल्लास हम मनाएँ
प्रतिवर्ष यह आए !!

(३)

—कवि-कलाकार **श्री सुभाष चन्द्र**
(विश्वविद्यालय परिसर)

गुरु चरणों में सादर समर्पित :—

हम सब हैं एक-एक ग्वाल-बाल-सम
तुम बिना बाँस के वंशीवाले
है यह मधुवन रंग विरंगा
हम नाच रहे हैं हो मतबाले
श्याम ही श्याम लखे सब कोई
सुन्दर श्याम रंग गोपाल
मन भावन सुमन–उपवन के
सुरभि लुटा रहे दिक्पाल
हो रसज्ञरस के सागर तुम
हम नहा रहे हैं सब व्रज लाला
सहितस्य भाव लिये मन डोले
जैसे डोले श्याम उजाला
हम सब हैं एक-एक ग्वाल बाल।

(४)

—**श्री ब्रह्मानन्द मिश्र**, एम० ए०, आचार्य
तिलकथू, सिवान

सरस्वती मन्दिर के तुम हो निष्ठावान् पुजारी
समय-निकष पर प्रतिक्षण ज्योतित होगी कीर्ति तुम्हारी।
जननी हुई कृतार्थं, पिता का सार्थक हुआ परिश्रम,
प्रतिभा के फूलने-फलने में हुआ न कभी व्यतिक्रम।
सर्वाधिक सहयोग मिला नित "छायाजी" का भारी,
सरस्वती मन्दिर के तुम हो निष्ठावान् पुजारी।
वाग्वश्यता की तेरी अपनी पहचान अलग है,
तेरी प्रतिभा को किरणों से काव्य-गगन जग-मग है।

हुआ न कोई अबतक तेरी समता का अधिकारी,
सरस्वती मन्दिर के तुम हो निष्ठावान् पुजारी।
सुरवाणी को नयी भंगिमा देकर किया चमत्कृत,
हिन्दी की हर विधा तुम्हारे कर से हुई अलंकृत।
अतिशय उदात्त मनहर भावों की आरती सदा उतारी,
सरस्वती मन्दिर के तुम हो निष्ठावान् पुजारी।
साहित्य-जगत के शिखर पुरूष अनुपम सौन्दर्य चितेरा,
गागर में सागर समेटता शब्द-शब्द है तेरा।
हे पूज्यचरण ! है शब्द-साधना तेरी विस्मयकारी,
सरस्वती मन्दिर के तुम हो निष्ठावान् पुजारी।
रचनाओं में तेरी है यदि सागर की गहरायी,
तो फिर उनमें साथ-साथ है हिमगिरि की ऊँचाई।
इसी से करना सूक्ष्म विवेचन कार्य कठिन हैं भारी,
सरस्वती मन्दिर के तुम हो निष्ठावान् पुजारी।
विद्वज्जन का हृदय तुम्हारा है ऊँचा सिंहासन,
कौन नहीं अभिभूत हुआ सुन मधुरगीत या भाषण।
गीतों के सम्राट् ! तुम्हारी स्वरलहरी है न्यारी,
सरस्वती मन्दिर के तुम हो गिष्ठावान् पुजारी।
शब्द-सुमन अर्पित कर चरणों में, मैं शीश झुकाता,
पा तेरा आशीष सदा मैं धन्य-धन्य हो जाता।
सचमुच ही आशीष तुम्हारा है मुद मङ्गलकारी,
सरस्वती मन्दिर के तुम हो निष्ठावान् पुजारी।

(५)

—कविवर **श्री गौरीशङ्कर मिश्र**
(दरभंगा)

कविवर हैं, रघुकुल मणि दिलीप।
इस हेतु धेनु चरणों में निज को,
अर्पण कर बैठे समीप……॥१

गोसेवा अर्चना आरती।
निाश वासर चिन्तन देवि भारती।
शान्ति निकेतन में वसन्त लख,
टपकाते दृग बून्द सीप॥ कविवर हैं ॥२

सौम्य कान्ति ढीले तन ऊपर।
लगता उतर खेलता शशधर,
सरल शान्त स्वर मधु वाणी सुन,
उषा दिखाती स्वर्णिम दीप ।। कविवर हैं ······।।३

हैं भ्रमर रसिक कविता निकुंज के
ज्योति प्रखर, रवि रश्मि-पुंज के।
है विभोर बैठे सुगन्ध पा,
पुष्पित प्रांगण को पोत-लीप ।। कविवर हैं ···।।४

हैं जिनके खग बृन्द पक्ष धर।
सतत राजती ब्रह्माणी घर।
वृषभ पुष्ट द्वय सिंह द्वार पर,
झूम रहा सुन्दर सटीक ।। कविवर हैं ···।।५

वामांगी 'छाया' सुदक्षिणा।
आँचल पसार करती प्रदक्षिणा।
निज कुल कमल दिनेश दिव्य वर,
है जिनके दानी महीप ।।
कविवर हैं रघुकुल-मणि दिलीप।

(६)

परमेश्वर सिंह 'साहेब'

चन्दनबाड़ी भरतपट्टी, डीहजीवर (मुज०)

कवि तुम्हें क्या कहूँ ?
स्रष्टा कहूँ : नहीं-नहीं,
स्रष्टा तो भाग्य का निर्माता है,
शिवत्व जिसका प्राण है।
लेखनी तेरी जिसकी प्राणशक्ति है।
शक्ति के बिना शिव शव होता।
मृण्मयी काया तेरी, चिन्मयी कल्पना उर में,
बन जाती जग व्यापी तत्व दर्शन।
तेरा साहित्य है समाज दर्पण ।।
वीरों की गाथा कविता तेरी,
प्रेरणा बन जाती शहीदों की।

तेरे उद्घोष पर थर्राता है,
नाश का कलेजा-बज्र भी थर-थर।
लेखनी ही तेरी उगलती जब
क्रान्तिकारी चिन्गारी,
त्योरियाँ बदलतीं हैं, प्रलय-सा मच जाता है।
होता समाज में घोर परिवर्तन।

शोषित उत्पीड़ित सर्वहारा को
ताज पहनाती है।
पतन हो जाता अन्यायों का।
उपेक्षित बेबसों का भाग्य पलट जाता है।

तूलि की गति से करुणामयी बेगबती
प्रेमरस की शीतल हवा
साँस बन जाती है प्रेमियों की
प्रेम पूरित आँखों की अश्रुधार
चिर श्यामल सुकुमार दिव्य संस्कृतिमय
कोटि स्वर्ग साकार करती है धरा पर।
साधना की ज्वाल में बिकराल तप से
कनक में कुन्दन की अरुणाभा होती है॥

तेरी रचना की मूक व्यथा कथा
विश्वात्मा की वाणी है।
बोध जिससे होता परमात्मा का।
परम ज्ञान रागमय सुरवितान।
आदित्यादि युक्ति-मुक्ति, भक्ति-शक्ति
सुलभ बन जाती है।
मानवता की राहों पर-तमहरणी,
मनकी परिवादिनी झंकृत होती।
सहृदय अन्तस्तल में स्वर लहर (गन्धज्वार)
उभरती है बार-बार।
उपकृत जन करते हैं नमस्कार बार-बार॥

★

कवि–सम्राट आचार्य श्री जानकीवल्लभ शास्त्री
के
पाद–पद्मों में समर्पित

विनय-पत्रिका

—श्री परशुराम परमेश

सब जाने कैलाश पर सत् शिव सुन्दर वास ।
श्रद्धा वर विश्वास में आ सकते वे पास ।।
इसी भरोसे द्वार पर खड़ा एक कवि दास ।
एक कृपा–दृग-पात बस करें यही ले आस ।।

जय आचार्य जानकीबल्लभ,
तपः पुंज ऋषि कवि जग दुर्लभ ।
वैशाली-विहार-भारत-नभ,
कविबर ! तव व्यापे यश-सौरभ ।
वीणावादिनि वरद पुत्र कवि,
विद्या-वारिधि ज्ञान उदित रवि ।
बाल्मीकि वर व्यास विरासत,
प्रतिविम्बित तुम में शत प्रतिशत ।
जनक याज्ञवल्क्य विद्यापति
तुम इनके सत् प्रतिनिधि सम्प्रति ।
कभी बुद्ध सेवित रसाल वन,
आज तुम्हारा कविता-कानन ।
महावीर जिन आभा मंडित,
जयति मोद फल पुर वर पंडित ।
सत् साहित्यकार शिव सुन्दर,
सामगान मय तव स्वर-निर्झर ।
सस्कृत भाषा सुरथ सुदृढ़ अणि,
हिन्दी माता कल किरीट मणि ।

शत शत नमन अकिंचन कवि यह,
पद-पदों में अर्पे अहरह ।
कृपा-सिन्धु हे सीतावल्लभ,
दया-दृष्टि फेरें सुर-दुर्लभ ।
अति अनजान ख्याति गुण वंचित,
कवि परमेश न किंचित चर्चित ।
कवि सम्राट सुनें मम अनुनय,
करूँ निवेदन साग्रह सविनय ।
कवि कृत, काव्य एक सत्यायन
मोहन गाँधी चरित शुभायन ।
भेज रहा कुछ अंश सपरिचय,
अवलोकन-हित हे कवि चिन्मय !
रविकर बिना खिले क्या सरसिज,
सृष्टि विकास बिना क्या मनसिज ?
कर विचार ऐसा बाचस्पति,
सत्यायन पर दें शुभ सम्मति ।
कर आशीष-सलिल अभिसिंचित,
वर दें यह हो उदित प्रकाशित ।
बरसगाँठ शत पंच विंश की,
मना रहे हम राष्ट्रपिता की
यह शुभ अवसर सुभग सुहावन
जग-प्रकाश देखे सत्यायन ।
तुम कवि पारस भागवत मैं कुधातु कवि हीन,
छू दे बस यह याचना चमक उठे यह दीन ।

□

ग्राम+पो० बथनाहा,
जिला—सीतामढ़ी
(बिहार)
पिनकोड—८४३३५२

गुरुदेव श्री जानकीवल्लभ शास्त्रीजी के प्रति

—श्री महेन्द्र पाण्डेय 'किंजल्क'

योगी ! भूतल छोड़ सदा छायापथचारी तुम्हें नमन !
"छायातप'—नरु तले छाँव-विश्राम-विहारी पद-वन्दन।
शिप्रातट पर कुम्हें ढूँढ़ते हैं मेरे व्याकुल मन-प्राण।
समधिक व्यथित हृदय रोता है सुनकर पंचमकाकलितान।
पाषाणी की विरह-वेदना मुनियोषिता-दशा लख कर
विलख-विलख कर्पूर चूर हो उठता अन्तर कातर तर।
वंशीवट या यमुना-तट पर विकल वेणु-स्वन ढूँढ़े आप
तव दर्शन इन्सान अद्रि के शृंग-भृंग बन मंडलाऊँ
कर रसान-उर-सिंचित गुरुवर ! धो पद-रज तव स्तव गाऊँ।
क्या उद्‌बोधन या सम्बोधन ? अहो यशोधन, यह वर दो
तव पद-रेणु हृदङ्कित कर लूँ पुण्य-शून्य मानस भर दो।
यदि न 'निराला' नर आला, वरमाला-भूषित कवियों में
जानकिनाथ छटा छवि अनुपम जानकीवल्लभ विश्रुति कृति रति हे
तुम्हीं जान के वल्लभ जानकीवल्लभ विश्रुति कृति रति हे
चिर नवीन तुम वर्तमान, हम सब अतीत छायापति हे।
छायापथ चिर सूक्ष्म अनश्वर स्थूल धूल में मिलने को
अक्षय मलयसमीर तुम्हीं हम फूल निमिष भर खिलने को
दशरथ-सुवन राम ने जोड़ा दो द्वीपों को रचकर सेतु
सारस्वत-साधना-समर-जेता आये जोड़ने हेतु—
नर-नर उर ? कलकोकिल कंठ कम्बु में फूँकने नाद अम्बर
कृतिसुकीर्ति घोषित पथ पर चल धन्य बनेंगे नारी-नर।
छोटे को भी 'बड़े' कहो तुम धन्य-धन्य धरनी के लाल
विषमय जगती, एक मात्र तुम जीवन दाता घर की लाल
हे अहेतुकी कृपा-कृपालो गूढ़, मूढ़ मैं क्या जानूँ ?
गुरू-प्रसाद के बिना न अपने हेतु अहित-हित पहिचानूँ
शिव सशक्त शक्ति से अमर पी कालकूट हँस कष्ट सहे
जाया छाया-माया का साया सदैव शीश पर रहे।

छायांचल सा ही अकोर चहुँओर तुम्हारा कृति-पर है
निखिल दृष्टि धूर्अटी जटिल हे व्योमकेश घनतमलट है ।
अर्थ विकट है कहीं बोध के निकट प्रकट उत्कट संकट
सुधी मनीषा त्वरित झटक कर अटकाता है अर्थ-शकट ।
पर-हित-हेतु हेतु शरीर धन्य तुम शारदाम्ब ही अनन्य
जगज्जन्य पर्जन्य धन्यचिर नरपुंगव के अग्रगण्य ।
प्राप्त संजीवनी-उर्जा-स्फूर्ति, कोई क्यों थके ।
विमित शीश सदैव पद गुरुदेव जानकीनाथ के ।

भूमा के समग्र सौरव्यक्तसित वैभव-विलासोपादन-विमुख कौपीन वसन-धारी बादरायणात्मज शुकदेव की भाँति मैं विदेह जनक-जानकीवल्लभ जी गुरुदेव-के चरणाब्ज युगल में समक्ति सादर यह कृतिकंजकुड्मल समर्पित करते हुए हर्ष-विभोर, स्नेहाकाँक्षी प्रणत हूँ ।

पादपांशु-तिलकेच्छु :—

वासस्थान—पाण्डेयडीह बन्धेति
पत्रालय —कोइरीडीह
भाया —रोहिणी
जिला —देवघर ।

वेला परिवार

१ नरेन्द्र कुमार शास्त्री

शक्तिपीठ

आदर्शनगर, जयप्रकाशपथ

सीतामढ़ी

२ संजीव कुमार

C/o श्री नागेन्द्र प्र० सिंह

ग्राम—जारंगडीह

पो०—जारंग ड्योढ़ी

जिला—मुजफ्फरपुर

आचार्य श्री जानकीवल्लभ शास्त्री को नमन

—अमरनाथ मेहरोत्रा

आचार्य श्री
साहित्य व्योम के
प्रखर मार्तण्ड
कीर्तिमान और प्रकाशवान
सभ्यता और संस्कृति के
कोष से किया चयन
'राधा', 'शिप्रा', 'मेघगीत',
'उत्पलदल', 'चलन्तिका' और
'नील झील' जैसे कतिपय
अपूर्व रत्न
दिये हैं साहित्य जगत को
तेजोमय और प्रभामय
चामत्कारिक है
सुघड़ और सजग
लेखनी आपकी
'सत्यं शिवं सुन्दरम का
अनोखा उसमें समीकरण
साधन और साध्य के
मध्य एक अनुपम सेतु
आपकी रचनाओं में
भाषा, शब्द, अलंकार,
प्रकृति दर्शन, चिन्तन, तात्विक
अनुशीलन
की सामग्री से निर्मित
सुघड़ प्रतिमा में है
अजन्ता एलोरा की प्रस्तर प्रतिमा
का सहज, स्वाभाविक सौन्दर्य
आपका हृदय है अनन्त उदधि
जिसमें प्राणीमात्र से स्नेह और दयाकी

अनेको सरिताएँ हैं गतिमान
जिनका अक्स है आपकी
कृतियों में सच : विद्यमान
आपका व्यक्तित्व है
विराट् प्रकाश पुञ्ज
पुरातन गौरव गरिमा का
प्रकाशस्तम्भ
'विद्या ददाति विनयं' का
अप्रतिम रूप
'कालि दास' की
महिमा मंडित गाथा में
आपने किया है प्रेम को
पुनः प्रतिष्ठित
स्पष्ट और प्राञ्जल गद्य में
संवेदनशील व्यक्तित्व जो
करुणा और स्नेह में
मोम-सा गलने में सक्षम
जीवन में ऊर्जा और प्रेरणा के
अनन्य स्रोत
उम्र भी नहीं स्पर्श
कर पायी है सौम्य बदन
मन्दाकिनी सी मीठी निर्मल
वाणी
'अमृत महोत्सव' की इस वेला में
प्रभू से मेरी है आराधना
शास्त्री जी को करें शतायु
कालजयी रचनाओं से उनकी
अक्षुण्ण रहे भारतीय संस्कृति
वर्द्धित हो नित्य उनकी कीर्ति

□

रमना
मुजफ्फरपुर

सरस्वती-पुत्र !

कुमारी ज्योति मिश्रा, बी० ए० पार्ट-I

□

हे सरस्वती पुत्र !
तेरी शाश्वत साहित्य सुमन
की पंखुड़ियाँ
युग-युग तक
अपना सौरभ फैलाती रहेंगी
ज्ञान का दीप जलाती रहेंगी
···और हमारी अज्ञानता को
हमारी कलुषता को धो-धो कर····
हमें स्वच्छता प्रदान करती रहेंगी····
हे सरस्वती-पुत्र !
तुम्हारी साहित्य निधि
आनेवाली नवोदित पीढ़ियों को
मार्ग-दर्शन कराती रहेगी
उन्हें दर-दर की ठोकरें
खाने मे बचाती रहेगी
हे सरस्वतो-पुत्र !
हमें आशीर्वाद दो ·····
कि हम भी तुम्हारे
साहित्य-सरोवर में से
ज्ञान की, स्नेह की
और सद्भाव की
प्रेमिल जलधाराओं
को अपनी अञ्जलि
में भर-भर कर
समेट सकें, सहेज सकें
····और आत्मसात कर सकें···।

★

यारी, औरंगाबाद (बिहार)

पहली किरण से पहली किरण तक

प्रस्तुति : —श्री प्रभात चन्द्र मिश्र

अरुण पंख तरुण किरण ने द्वार खोला और निराला-निकेतन का अँगड़ाई लेता परिसर पूरी तरह जाग उठा। चहल-पहल होने लगी। छात्रों ने अपनी-अपनी कमान सँभाल ली। यज्ञ-याग, हवन-पूजन का एक ने, तो दूसरे ने मंचसज्जा, प्रेक्षास्थल का और तीसरे ने अतिथियों—अभ्यागतों के स्वागत सत्कार का प्रभार ले रखा है। ध्वनि-प्रकाश व्यवस्था के अलग प्रभारी हैं और ये सब के सब अपने सहायक बन्धुओं के साथ गतिशील हो उठे हैं। किसी के चरण धरती पर पड़ ही नहीं रहे। आज माघ मास, शुक्ल पक्ष की द्वितीया तिथि जो है, आचार्य श्री जानकीवल्लभ शास्त्री की जन्म तिथि, माघ शुक्ल द्वितीया-अपने आप में अद्वितीया।

परिसर के प्रवेश द्वार पर जो बिशाल नामपट्ट लगा है—निराला-निकेतन, वही पर लग रहा है सुन्दर, सुरुचिपूर्ण और आकर्षक बैनर-आचार्य जानकीवल्लभ शास्त्री : अमृत पर्व का। स्टीरिओ पर मधुर सुरों में शहनाई

बेला

प्रथम—सुधीर कुमार, संजय हसन, सुरेन्द्रनाथ ठाकुर, वीरेन्द्र किशोर,
रत्नेश कुमार, सूर्यनारायण ठाकुर, कन्हैया लाल, पन्नालाल अ
साजन कुमार, प्रभातचन्द्र मिश्र, संजय कुमार, पवन कुमार।

द्वितीय—मनोज कुमार, मुकेश कुमार ब्रह्मपुरी, मुकेश कुमार, शकील पर
रवि कपूर।

अंतिम—फूलमंजरी देवी, वीणा देवी, बेबी खुशबू, रंजनी कुमारी,
कंचन कुमारी पोद्दार।

गूँज रही है। परिपक्व नीम और परिपुष्ट अशोक वृक्ष अपराजेय प्रहरियों की तरह तने खड़े हैं जिनके बीच से कोई पचहत्तर फीट लम्बा रास्ता दाहिनी ओर कृष्णायतन (गोशाला) और बाई और बेला कार्यालय को छोड़ता हुआ पितृदेव–स्मृति-स्तम्भ एवं मन्दिर को भुज भर भेटता हुआ आचार्य श्री की बैठक की सीढ़ियों के पास साष्टाँग नमन की मुद्रा में जड़ीभूत हो गया है।

स्वास्थ्य चाहे जैसा भी हो, आचार्य–श्री की दिनचर्या में कोई अन्तर नहीं पड़ता है। वे सदा की तरह आज भी ब्रह्म बेला से ही सक्रिय है! वे पितृदेब के मन्दिर में मत्था टेक चुके हैं। अभी से लोग हाथों में पुष्पमाल्य और अधरों पर बधाई के बोल लिये पहुंचने लगे हैं।—अभी-अभी ईश्वरीय विश्वविद्यालय की ब्रह्माकुमारियों का एक दल पूरे ताम-झाम के साथ आपहुंचा है और श्रद्धा निवेदित कर अपनी प्रदर्शनी लगाने में जुट गया है। आचार्य श्री यज्ञ-स्थल की ओर जाने को तैयार हो ही रह हैं कि ब्रह्माकुमारी बहनों ने अपना खेमा खड़ा कर लिया और प्रदीप जलाकर प्रदर्शनी का उद्‌घाटन करने का अनुरोध लिये पहुंच गई। आचार्य श्री धीरे-धीरे चलकर गये और तालियों के बीच प्रदर्शनी का विधिवत् उद्‌घाटन कर लौट पड़े। पर इन सारी गतिविधियों के बीच उनका ध्यान एक पल के लिये भी गोशाला और गउओं की ओर से हटा नहीं है। उनकी सख्त हिदायत हैं कि धूम-धाम और उनकी अभ्यर्थना के बीच उनका वृहत्तर परिवार (गो-वंश एवं कुत्ते-बिल्लयाँ) उपेक्षित न रह जायँ। वे हर कार्य-कलाप के बीच गो सेवा के लिए नियुक्त जन को कोताही बरतते देख कर टोक रहे हैं। उधर वेदपाठी ब्राह्णों का दल आन पहुंचा है, वेद–ध्वनि गहराने लगी है। आचार्य श्री प्रसन्न मन से यज्ञ स्थल की ओर चल पड़ते हैं। उनके साथ ही, परिसर का वह मुख्य मार्ग जो प्रवेश द्वार से चलकर बैठक की सीढ़ियों को छूकर ठिठक गया था, अब दाहिनी ओर सरकने लगा है। हर सिंगार की फूल-पत्तियों से पटे, गोलम्बर से सटे, एक लम्बी कतार में बने बड़े-छोटे सात महराब (Arch) उभरकर सामने आ जाते हैं। इन्हीं में से मध्यवर्ती विशाल महराब होकर रास्ता यज्ञ-स्थल तक जाता है। इस महराब पर जन्मोत्सव का बड़ा बैनर टँगा है। महराव पार करते ही दाहिनी ओर अनुपमा संस्कृति कलामंच की सीढ़ियां आ जाती हैं। यह वही कलामंच है जिस पर प्रतिवर्ष इस अवसर पर साहित्य, संगीत और कला का संगम होता है। शब्दों के साधक, सुरों के संधानी, तंत्री नाद और ताल वाद्यों

के मर्मज्ञ मानव-मन और आत्मा को ब्रह्मानन्द की ओर मोड़ देते हैं। इन सात महराबों को सात सुरों का प्रतीक भी माना जा सकता है। कहना कठिन है कि इनकी परिकल्पना के पीछे कौन-सी भावना काम कर रही थी। सामने है विशाल वट वृक्ष जो एक सुन्दर अष्ट भुजाकार चबूतरे से घिरा हुआ है। पूरे चबूतरे को सप्तवर्णी अल्पनाओं से सजाया, आचार्य श्री की सुपुत्री शैल बाला लाल ने। वह ऐसी भाव विभोर थी कि विश्वविद्यालय की दो छात्राओं विनीता और संगीता को पूरी तरह अपने में रमा लिया था पार्श्व में है संकट मोचन का एक लघु मन्दिर जो आचार्य श्री की माँ जैसी बड़ी बहन की स्मृति सँजोए हुए है। मन्दिर से सटा हुआ है एक चौकोर चबूतरा जिस पर छोटे-मोटे आयोजन होते रहते हैं। मंदिर के ही आकार की चहारदीवारी, वट, अशोक आदि किस्म-किस्म के पेड़-पौधों एवं लता-गुल्मों से अटा हुआ यह स्थल किसी तपोवन की कल्पना को साकार करता है। आचार्य श्री अब पूजा स्थल पर अपना आसन ग्रहण कर चुके हैं। वेद-पाठ का स्वर उभर कर आने लगा है। संकल्प, कलशस्थापन, स्वस्त्ययन, शान्तिपाठ पुरुषसूक्त, श्रीसूक्त आदि का पाठ, चन्दन-धूप की सुगन्ध और हवन के धुँए ने मानव-मन को जैसे एक बारगी ही वैदिक युग में प्रतिष्ठित कर दिया है। अन्त में आरती और प्रसाद वितरण और तत्पश्चात् ब्राह्मण भोजन। आचार्य श्री ने ब्राह्मणों को भरपूर दक्षिणा-द्रव्य भी दिया। वे जरी और फूलमालाओं से ढँक-से गये हैं। फोटोग्राफरों की, पत्रकारों की समस्या है कि तस्वीर कैसे ली जाय। माला हटा-हटाकर स्नैप लिए जा रहे हैं। अभी भी श्रद्धालुओं की भीड़ चली ही आ रही है। पूरा का पूरा पंडाल भर चुका है। चरण-स्पर्श के लिए छात्र-छात्राओं में होड़ मची हुई है। जीवन के हर क्षेत्र में आगे बढ़ जाने की लड़कियों की लालसा यहाँ चरण-स्पर्श के लिए उमड़े उत्साह में भी दीख रही है।

अब आचार्य श्री धीरे-धीरे अपने बरामदे में वापस आ चुके हैं। यहाँ भी बधाई देने वालों का ताँता लगा हुआ है। साहित्यकारों, पत्रकारों, प्रोफेसरों डाक्टरों एवं नगरश्रेष्ठियों तथा विभिन्न क्षेत्रों के गण्य-मान्य एवं सामान्य जनों के ज्वार में आचार्य श्री डूब से गए हैं।

आचार्य श्री को माल्यार्पण और दीर्घायुष्य की कामना करने वालों में सर्वश्री सुरेन्द्रनाथ दीक्षित, कविवर राजेन्द्र प्रसाद सिंह, डॉ० कृष्णजीवन भट्ट' डॉ० नन्द किशोर नन्दन, डॉ० मारुति नन्दन पाठक, डॉ० पतंजलि मिश्र,

गोवर्धन मिश्र, शैलेन्द्र कुमार मिश्र शैल, डॉ० सुरेश पाठक, आकाशवाणी पटना के निदेशक—बाँके नन्द प्रसाद सिन्हा और दूरदर्शन के श्री................................मिश्र, पूर्व विधायक कामरेड रामदेव शर्मा, अभिताभ मेहरोत्रा, आभा मेहरोत्रा, पन्नालाल आर्य, हृदयलाल आर्य, कवि प्रभात आदि प्रमुख हैं।

परन्तु इन आह्लादक दृश्यों में एक अति महत्वपूर्ण तथ्य छिप-सा गया है कि तीन बज रहे हैं और आचार्य श्री अभी तक निराहार ही हैं। ठीक है कि निराहार रहना तप की एक मुख्य शर्त है: पर भाव-विभोर श्रद्धालुओं का ध्यान तप की कठोरता की ओर नहीं जा रहा है। निकेतन की स्वामिनी मातुश्री के आग्रह पर श्रद्धालुओं से अनुमति लेकर अभी-अभी कुछ अल्पाहार लेने अपने कक्ष में गए हैं।

इधर महिला कॉलेज के प्रिंसिपल डा० सुरेन्द्र नाथ दीक्षित ने अमृत पर्व के द्वितीय चरण की उद्घोषणा कर दी। द्वितीय चरण अर्थात संगीत सभा में मंच के पार्श्व में कनात से घेर कर बनाए गए ग्रीन रूम से दीक्षित जी की छात्राएँ समूह नृत्य करती निकलीं। रंगमंच के सामने और आजू-बाजू जो चहल-पहल थी, वह अचानक रुक गई और जल्दी-जल्दी लोगों ने, जिन्हें जो स्थान मिला, लेकर मंच की ओर ध्यान केन्द्रित कर लिया कोई एक घंटा तक किशोरी छात्राओं ने लोक धुनों पर आधारित नृत्य से दर्शकों को बांधे रखा। इसी क्रम में दो बाल कलाकार—प्रशांत और प्रियंवदा ने भजन गाकर श्रोताओं को मुग्ध कर दिया। आचार्य श्री ने सबको शील्ड, कप और नकद पुरस्कार देकर प्रोत्साहित किया। दर असल, अनुपमा संस्कृति कला मंच कलाकारों के लिए एक खुला मंच है जहाँ अमेच्योर से लेकर प्रोफेशनल कलाकार भी निस्संकोच, स्वेच्छया आकर सुर-लय-ताल से महाकवि के प्रति अपनी श्रद्धा निवेदित करते हैं और उनके शतायु होने की शुभकामना व्यक्त करते हैं।

पिछले वर्ष से सांस्कृतिक कार्यक्रमों की कड़ी में नाटक भी जुड़ गया है। अनुपमा संस्कृति कला मंच पर स्थानीय नाट्य संरचना ने एक धमाकेदार प्रस्तुति दी थी। उस सफलता से प्रोत्साहित होकर 'संरचना' ने इस बार एक हास्य-व्यंग्य नाटक प्रस्तुत किया। 'सत्यवान अदालत में' नामक इस नाटक में दाम्पत्य जीवन की विषमताओं और विडम्बनाओं को हास्य की चाशनी में लपेट कर परोसा गया था। दर्शकों में आरम्भ से अंत तक कहकहे लगते रहे। कलाकारों ने अपनी-अपनी भूमिका बखूबी निभाई।

सत्यवान की भूमिका में मुकेश कुमार एवं उसकी पत्नी के रूप में कंचन कुमारी पोद्दार ने संवाद पर पूरा अधिकार जमा रखा था। लोक अभियोजक के रूप में कुमारी रजनी ने अपनी तीखी आवाज से आकर्षित किया। तरुण निर्देशक सुधीर कुमार की भूरि-भूरि प्रशंसा हुई और संस्था को आचार्य श्री ने शील्ड, कप, नकद देकर विशेष रूप से सम्मानित और प्रोत्साहित किया।

दिन के प्रकाश का लाभ उठाने के लोभ से संगीत के कार्यक्रम को नाटक के लिए रोक रखा गया था; वह फिर शुरु हुआ।

युवा गायक सिद्धिशंकर जी के अतिरिक्त उनकी टीम की लड़कियों को सुनने के बाद लगा कि दूर-दर्शनवाले कलाकारों की तलाश में यूँही इतनी दूर चलकर उनके पास नहीं पहुँचे थे। इन कलाकारों को मुजफ्फरपुर दूर-दर्शन पर प्रायः कार्यक्रम देते देखा जा सकता है।

बात दूर दर्शन की चली तो बता दूँ कि संगीत सभा के सभी कार्यक्रमों को टेप करने के लिए आकाशवाणी, पटना के निदेशक अपने एक अन्य अधिकारी के साथ स्वयं पधारे थे और उन्होंने पूरे मनोयोग से नृत्य-संगीत का ध्वन्यंकन (Recording) किया। गीत, गजल और भजन से इन कलाकारों ने घंटों समाँ बाँधकर रखा। बम्बई से पधारे प्रसिद्ध सिने गीत-कार हरिश्चन्द्र ने कलाकारों को पुरस्कृत किया। कलाकार मच से उतरकर आचार्य श्री का आशीर्वाद लेने गए। आचार्य श्री ने नकद पुरस्कार देकर हौसला बढ़ाया।

संगीत और सन्नाटे का जाने कैसा सम्बन्ध है। सधे सुरों की एक मर्मबेधो पुकार से सारे शोर थम जाते हैं और स्वयं आचार्य श्री के शब्दों में "सन्नाटा गूँज उठता है। अब तक के कार्यक्रम ने संगीत का वातावरण तैयार कर दिया था, हलचल थम गई थी, श्रोता स्व-स्थान पर विराज रहे थे। साँझ अब रात में ढल गई थी। नृत्य के अनुकूल मंच व्यवस्था होते ही नृत्याचार्य रामचन्द्र भास्कर की शिष्या कुमारी आभा कत्थक नृत्य शैली में मंगलाचरण प्रस्तुत करती हुई मंच पर पधारी। उन्होंने विभिन्न रागों में, विविध मुद्राओं के साथ मंगलाचरण सम्पन्न किया। उनकी विशेषता यह रही कि मंगलाचरण और कत्थक को पृथक्-पृथक् प्रस्तुत न करके मगलाचरण में ही कत्थक के नृत्य को नटबरी शैली, त्रिताल और धम्मार अग में प्रस्तुत किया। तदुपरान्त गत निकास और गत भाव में रास पंचाध्यायी पर आधारित रसभाव की अभिव्यक्ति की और ततकार के

चमत्कार और अठगुन में लयकारी के साथ उन्होंने अपने नृत्य की परिणति दी। दर्शक भाव-विभोर थे। आचार्य श्री ने कुमारी आभा को अपने करकमलों से नृत्यकला मणि की उपाधि के साथ एक शिल्ड प्रदान किया।

शास्त्रीय संगीत के विरुद्ध फैलती इस दुर्भावना को निराला-निकेतन की संगीत सभाएँ झुठलाती आ रही हैं कि अब सुगम अथवा आधुनिक पाश्चात्य संगीत के मुकाबले शास्त्रीय संगीत का आकर्षण फीका पड़ गया है। एक बानगी देखकर दर्शक हिलने का नाम नहीं ले रहे थे। उनकी आशा के अनुरूप ही शास्त्रीय संगीत को जानी-मानी हस्तियाँ सामने आंती और अपना-अपना रंग जमाती गई: उस्ताद रईस खाँ साहब के शिष्य हृदयनाथ जी ने सितार सँवारा। तान छेड़ते ही श्रोताओं के हृदय के तार झंकृत हो उठे। उनका अनुसरण करती हुई-सी आई कुमारी मीरा। मंच को भारी-भरकम बनाते आए उस्ताद बज्जन खाँ और अन्त में अमर ठुमरी गायक स्व० रामू जी के सुपुत्र पं० गोवर्धन मिश्र। विभिन्न रागों में छोटी-छोटी बंदिशें सुनाने के बाद, जब मध्य रात्रि तीसरे प्रहर में ढलने जा रही थी उन्होंने श्रोताओं के विशेष आग्रह पर टेर लगाइ :—बाजू बन्द खुली-खुली जाय··········सँवरिया ने जादू मारा··········सचमुच गोवर्द्धन जी ने ऐसा जादू मारा कि भोर का भ्रम होने लगा। उनके गायन के साथ ही अमृतपर्व का तीसरा चरण पूरा हुआ। इस उद्घोषणा के साथ ही दर्शक मुग्धावस्था से अपनी चेतना में वापस लौटे।

कवि गोष्ठी की उद्घोषणा हुई। कविवर राजेन्द्र प्रसाद सिंह के नेतृत्व में कविगण मंच पर आ बिराजे। जैसी कि निराला-निकेतन की परम्परा रही है, खेमों, गुटों और प्रतिबद्धताओं को तोड़कर कविगण उन्मुक्त हृदय से गोष्ठी में सम्मिलित हुए और मुक्त कण्ठ से काव्यपाठ किया। मंचपर छायावाद से जनवाद तक और गीत नवगीत, गीत से नवगीत तक के प्रतिनिधि कवि सुशोभित थे। प्रमुख थे सर्वश्री खगेन्द्र नाथ ठाकुर, राजेन्द्र प्रसाद सिंह, डॉ० रेवती रमण, मदन कश्यप, डॉ० गोपेश परीक्षित, राम विनय सिंह, शैलेन्द्र कुमार शैल, उषा किरण और ज्योति मिश्रा। डॉ० गोपेश परीक्षित ने गोष्ठी की अध्यक्षता के लिये नवगीत के पुरोधा कवि राजेन्द्र प्रसाद सिंह का नाम प्रस्तावित किया जिसको एक साथ ही कवि स्वरों ने समर्थित किया। मुख्य अतिथि के रूप में गोष्ठी को गरिमा प्रदान करने के लिए डॉ० खगेन्द्र नाथ ठाकुर से साग्रह अनुरोध किया गया। अनुरोध स्वीकार कर श्री ठाकुर

ने गोष्ठी को अनुग्रहीत किया। संचालन की बागडोर डॉ० गोपेश परीक्षित ने सँभाली। गोष्ठी का शुभारम्भ शलेन्द्र मिश्र 'शैल' की कविता से हुआ। शैलेन्द्र जी पत्थर की मूरत में प्यार खोजते हुए सामने आए तो नरेश 'नीरव' को 'आदमी अपने ही छत से चमगादड़ की तरह लटका' दिखा। अज्ञेय जी की सुप्रसिद्ध कविता 'साँप' के बाद कवियों को साँप का बिम्ब बेहद पसंद आया। उसीक्रम में माधवेन्द्र जी ने अपनी कवित में अपने को सर्पदंश से अप्रभावित (Immune) बतलाया, कारण कि वे इसके आदी हो चुके हैं। यों तो सम्पूर्ण उत्सव ही आचार्य श्री के प्रति श्रद्धा-निवेदन होता है, पर कविगोष्ठी में उन पर लिखी कविताओं की एक अलग ही कोटि दिखी। इसमें अपनी पहचान के लिये संघर्षरत कवयित्री उषा, किरण ज्योति और अमरनाथ मेहरोत्रा की कविताएँ श्रोताओं को विशेष पसंद आई। इसके अतिरिक्त अपनी दूसरी कविता में उषा किरण हिन्दी के प्रशस्त पथ से उतर कर गांव की तलाश में बज्जिका की पगडंडी पर उतर आई—हम्मर गाँव भुलायल है केतनो खोजलों न मिलइय खेतखरिहान सुनसान लगइअ, अपन घर वीरान लगइय।

इस प्रकार लघु-लघु ओला लहरियों से श्रोताओं को बहलाती हुई कविता सुप्रतिष्ठित जनवादी कवियों के पाले में चली गई और बारी-बारी से प्रायः सारी रात सभी कवियों के बीच घूमती रही। समय बीतने का एहसास तक न हुआ। पंछियों की चहक और कलियों की महक ने जताया कि सुबह हो रही है। गोष्ठी के अन्त में कविगण आचार्य श्री का आशीर्वाद लेने उन्हें घेर कर खड़े हुए। श्रान्त तन, किन्तु प्रसन्न मन से आचार्य श्री ने कवियों के अनुरोध को स्वीकार करते हुए चन्द शब्द कहे और अपने किरनीले सुरों में कुछ गीत सुनाए। तमस में डूबे, रात भर निद्रा और अब तन्द्रा में डूबे हुए लोग भी जाग पड़े।

पूरी तरह सबेरा हो चुका था, कर्मक्षेत्र की पुकार सुनाई पड़ने लगी थी। स्थानीय और पटना गया, सीतामढ़ी आदि दूरस्थ भागों से पधारे कवियों को गाड़ी-सवारी पकड़नी थी। सबने जल्दी-जल्दी नाश्ते के साथ आचार्य श्री से विदा ली अगले वर्ष विशेष धूमधाम से पुनरागमन के लिये।

□

आचार्य जानकीवल्लभ शास्त्री

बुजुर्गी का कँवारापन

धार तुमने उलट-पलट दी है,
यह नदी स्वच्छ छल-कपट की है !

प्यार क्या ? जीत-हार जीवन की ?
आबरू आँख की झपट ली है !
फूल किन पत्थरों में ढूँढ़ा था ?
छुपके काँटों में कली चटखी है !

मात देता है नाप-जोखों को—
ऐसा सन्नाटा ! नींद टटकी है !
यह बुजुर्गी का है कँवारापन,
रुत की मस्ती, अधर में अटकी है !

—१-२-९५

बाँकपन का बादशाह :

के

आचार्य जानकीवल्लभ शास्त्री

(क्रमागत)

डॉ० राम गोपाल पाण्डेय

४ जरठ के हठ ठान होंठ कठोर
तत्व जीवन का बताते घोर

राधा : विनोद पर्व, पृ०–७७

यहाँ "ठ" अपनी आवृत्ति में ठनबन गया है।

५ हिमकण बन हीरक हार हृदय छलकाता

राधा : प्रणय पर्व, पृ०–३६

यहां 'ह' अपनी आवृत्ति से हुमस भरता है।

दो वर्णों की आवृत्ति :—

अब दो वर्णों की आवृत्ति के उदाहरण शास्त्री जी की काव्य रचनाओं से उदाहृत किए जाते हैं :—

१ रोके न रुके, ऐसा प्रवाह दुर्दम हैं
इस निविड़ राग का कहां सुगम सरगम है।

राधा : प्रणय पर्व, पृ०–३५

२ तेरे हाथ हाथ ही हैं, वे नहीं सजल जलजात।

गाथा, पृ०–२७

३ मैं छुटपन से मातृहीन, जाना माँ का न दुलार,
तेरी माँ ने किया सफल मेरा फल का उपहार।

वही, पृ०–२८

४ चारुचन्द्र को देख रहा था स्थिर दृग-कोर चकोर।

वही– पृ०–३३

५ रिक्त निरन्तर मेरा अन्तर :
अपनी ही शुचि रुचि से दो तुम
निर्मल परिमल, मसुधुर मधु भर

बेला–१२२ अंक, पृ०–४०

दो वर्णों से अधिक वर्णों की आवृत्ति :–

दो वर्णों से अधिक वर्णों की आवृत्ति से वर्ण-सौन्दर्य और निखर आता है। महाकवि शास्त्री जी को रचनाओं में इसके काव्योत्कर्ष विधायक उदाहरण विद्यमान हैं, देखें–

१ झलमल–मुक्तादल नव जलधर
जलधर–कुन्तल–जाला
कज्जल-कल चपला चल लोचन,
गोरोचन-रुचि-माला;
विमल–वलाका–'माला' सुरधनु–
अनुरञ्जित वर 'अम्बर'
मदिर मन्द मन्थरगत आगत
स्वागत पावस–बाला
सरित भरित-रस चली समद पद
जलनिधि–पद वलखाती
उमग–उमग मग पर डगमग पग
धर कल–कल स्वर गाती,
झुलते खुल–खुल मुकुल कोर पर
हवा मचलती चलती–-
लता-परी की सुरभि-भरी
प्यारी सारी सरकाती !
—नव वर्षाङ्क निराला निकेतन

पत्रिका बेला, अङ्क–१२३, पृ०–५

उपर्युक्त गीत लगभग ढ़ाई पृष्ठों में निबद्ध है, जिसमें 'ल' इक्यासी बार, 'र' उन्नासी बार 'स' पचपन बार और 'म' की ध्वनि इकतालीस बार श्रुति-रंजन करती है। इन वर्णों के अतिरिक्त अन्यान्य वर्ण भी अनेकशः आवृत्त हुए हैं। ये वर्ण उर्मिल उर्मियों की तरह पाठक की चेतना को द्रुति और दीप्ति से रस बरस कर बरबस मन-मुग्ध कर देते हैं।

महाकाल के वक्ष पर अमरता का जयघोष करने वाले 'राधा' महाकाव्य के 'प्रभास पर्व' से और एक-दो उदाहरण :–

१ लहक लवा की टेर चुलचुली चहक चटक की लगती
शङ्का तुझसे निष्कलंक शशि की ज्योत्स्ना-सी जगती।

पृ०–६४

२ बाष्प-विवर्ण नयन से फूटी म्लान मलिन मर्माहत,
विवश बिरक्ति उचाट उदासी अवहेला अव्याहत ।

पृ०–४१

लगे हाथ एक उदाहरण 'राधा' के 'दर्शन पर्व' से—

३ शूल, विजन वन जीवन
फूल तूल—सा तनु तन
गुन-गुन प्रिय-गुण अगवन
विकल मन थकी । पृ०–१०७

वर्गांत का अपद्व स्पर्श वर्ण से संयोग :–

वर्गांत का अपने स्पर्श वर्ण से संयोग के सहस्राधिक उदाहरण महाकवि शास्त्री जी की काव्य रचनाओं में उपलब्ध हैं। यहाँ कुछ उदाहरण उदाहृत किये जा रहे हैं, जो अनुनासिकता की झंकृति से अतीव श्रुति-रंजक हो गये हैं—

१ कब पंक-अंक से पंकज काढ़ सकूँगी ?

राधा प्रणयपर्व, पृ०–६१

२ भ्रू-भंग-तरंगित दृष्टि कड़ी होती हैं ।

वही, पृ०–४६

३ असमय अमंद मकरंद-गंध
फैली मधुवन से मिलने की ?

राधा : उत्सर्ग पर्व पृ०–१२

४ फिर अंगरागा को रंग अंग का छ्लता ।

राधा : प्रणयपर्व, पृ०–५०

५ अंकाव असंभव रंग-तरंगों का था
सुलगाव इन्द्रधनु-जड़े स्फुलिंगों का था
इस ओर रंग, उस ओर रंग, रंगों में ।
कुमकुमी तड़ित कौंधी ज्यों जड़ अंगों में ।

वही, पृ०–६२

तलनादय :

त, ल और न का द्वित्व रूप में निबद्ध होना वर्ण-विन्यास-वक्रता का ही एक भेद है, उदाहरणार्थ —

१ एक कर तत्ता, महत्ता एक में
एक मुँह में मधु कि छत्ता एक में
एक सिर सत्ता-चरण-रज से टंगा

एक गीधों के गह्वर-वृग में टंगा
काक, काकोदर-समान महान हो !
पञ्चमुख, एकाक्ष-मानक मान हो ।1

राधा : पुरुषार्थ पर्व, पृ०-२३

यहां 'त' के द्वित्व रूप की छवि-छटा लहर छहर रही है।

२ दम्भ के उल्लोल नव कल्लोल से
तप्त मत्सर भावना भूडोल से
चल-विचल होता न, धूपित धूल है
कटक कण्टक काट जमता मूल है !

वही, पृ०-३३

यहाँ 'ल' का द्वित्व रूप रंजक बन पड़ा है। इसी प्रकार 'न' का द्वित्व रूप निहारें :—

३ कूटता भूसी निरन्न न ज्ञान क्या ?
व्यर्थ देना रूप-लौ पर प्राण क्या ?

वही, पृ०-५४

अथवा

थे छिन्न-भिन्न, श्लथ तार-तार
मेरी तंत्री थी पड़ी मौन।

बेला, १२२ अंक, पृ०-४२

शिष्टाश्च रादि संयुक्ता :—

'शिष्टाश्च रादि संयुक्ता' का तात्पर्य है, शेष वर्णों का र आदि के साथ संयोग। शेष वर्णों में य, र, ल, व, श, ष, स और ह वर्ण हैं। वाणी में ओजस्विता स्फूर्जित करने के लिए उपर्युक्त वर्णों के साथ 'र' का संयोग संघटित किया जाता है, जैसे—

१ सौकुमार्य्य—सुरभि, कुसुम—कौमार्य्य,
बिछलती अनुगूंज ज्यों आहार्य्य !

राधा : दर्शन पर्व, पृ०-१२

२ है दिए संस्कार मन को मानवीय अपूर्व
दे सका सामान्य जन को कौन इनके पूर्व

राधा : दर्शन पर्व, पृ०-६४

३ श्रीकृष्ण के अशरीरी प्रेम में पगी राधा मधुमयी स्मृति की उदग्रता को जब ईषत् रोष की मगिमा के साथ अभिव्यक्त करती है, तब 'शिष्टाश्च रादि संयुक्ता' भाषा का बड़ी सहजता से अवलंब लेकर वह कहती है :—

क्या फल प्रदीप का अंधकार का दर्शन ?
जीवन मरु-तरु जो न हो प्रणय रस वर्षण।

राधा : प्रणय पर्व, पृ०—११७

प्रथम उदाहरण में 'य' के साथ 'र' का दूसरे में 'व' के साथ 'र' का तथा तीसरे में 'श' और 'ब' के साथ र' का संयोग सुन्दर हुआ है।

वर्ण-विन्यास : तृतीय प्रकार

अव्यवहित व्यंजन विन्यास :—

जहां बिना व्यवधान एक या एकाधिक व्यंजनों का विन्यास हो, वहाँ अव्यवहित व्यंजन–विन्यास वक्रता होती है, जैसे–

१ सुप्त सरसिज सर-समान गमीर
नयन जैसे शून्य–शर तूणीर।

राधा : विनोन पर्व, पृ०—६४

२ कर्ण कन्या का कपट कौमार्य्य ?
कृष्ण कुल से कर्म से या आर्य्य !

वही पृ०—३६

उपर्युक्त उभय उदाहरणों में क्रमशः 'स' और क' वर्ण की अनेकशः अव्यवहित आवृत्ति देखने को मिलती है।

३ एक और उदाहरण लें, जिसमें एकाधिक व्यंजन अव्यवहित रूप से दुहराये गये हैं :–

झकझोर झोर झाड़ी झुरमुट झोंके आए. कंपित दिगन्त।

निराला निकेतन पत्रिका, बेला–१२२ अंक पृ०-१५

यहाँ 'झर' व्यंजन की वैशिष्ट्यपूर्ण व्यावृत्ति का ध्वनि-चित्र सहज ही उभर आया है।

वर्ण-विन्यास : चतुर्थ प्रकार

एक या एकाधिक व्यंजनों की व्यवहिताव्यवहितआवृति से 'यमक' की झाँकी-बाँकी मिलने लगती है। ऐसे विभ्रम विनियोग में ही इस वर्ण बिन्यास का चौथा प्रकार निहित होता है। शास्त्री-काव्य-रचना से एक-दो उदाहरण :—

१ इस निविड़ राग का कहाँ सुगम सरगम है।

राधा : प्रणय पर्व पृ०—३५

यहाँ 'गम' की आवृति आवर्जक है।

२ गोबत्स रजत, वत्सरी परन्तु जयन्ती
नल चल के छलकर, अचल रहे दमयन्ती।

—'गोवत्स,' 'वत्सरी' अथवा 'जयन्ती दमयन्ती' में यमकाभासरत्न-जटित मणि की भाँति मनहर लग रहा है।

वर्णविन्यासवक्रता : पञ्चम प्रकार

डॉ० सप्यव्रत सिंह ने वर्णविन्यास वक्रता के पञ्चम प्रकार को स्पष्ट करते हुए लिखा है :—"वर्णविन्यास वक्रता का पांचवा प्रकार वह है, जहाँ ऐसा लगता है, जैसे एक सुकुमार वर्ण को अनायास आवृत्त कर छोड़ दिया गया हो और दूसरे सुकुमार वर्ण की आवृत्ति स्वयं चल पड़ी × × × यह वर्ण विन्यास वक्रता उस कवि की कला नहीं, जो वृत्यनुप्रास में सिद्ध-हस्त हुआ करता है, यह तो उस कवि के वश में रहा करती है जो रसभाव-समाहित हुआ करता है। 'सुकुमार,' 'विचित्र' और 'महसम' तीनों मार्गों के अनुयायी कवि माधुर्य, ओज और प्रसाद गुणों के अभिव्यंजक वर्णविन्यास से इस वर्णविन्यासवक्रता को रंग-विरंग की बना दिया करते हैं। इस प्रकार की वर्णविन्यास वक्रता के ही आधार पर काव्य की उपनागरिका, परुषा और कोमल वृत्तियों की कल्पना की गयी है। उदाहरण के लिए, सूरदास की यह मधुर सूक्ति—

देखो माई सुन्दरता को नागर।
बुधि बिबेक बल पार न पावत मन होत मन सागर
तनु अतिश्याम अगाध अंलुबिधि कटि पटपीत तरंगा।
चितवन चलत अधिक रुचि उपजत भँवर परत अग-अंगा
मीन मैन मकराकृत कुण्डल भुजबल सुभग भुजंग
मुकुटमाल मिलि मानो सुरसरि द्वै सरिता लिबे संगा

—यहाँ एक व्यंजन की तान काण में पहुंची नहीं कि दूसरे वर्ण का सुन्दर आलाप छिड़ जाता है और सुन्दरता के सागर बालकृष्ण का ध्वनि चित्र सहृदय काव्य—पाठकों के हृदय पर अंकित हो उठता है।"

हिन्दी साहित्य कोश प्रथम भाग द्वितीय संस्करण पृ०—७६४

अब उस महाकवि शास्त्री की काव्य — रचना की एक बानगी प्रस्तुत है, जिसमें छायावादियों का छैलापन छलकता है :—

"अङ्ग-अङ्ग तम–तोम–उन्मुखी
सोम-मुखी सखियों के—
सुमन डोर धर मन हिंडोर पर।
मरते जैगे, झोंके.
दिङ्‌मुख मुखर मृदङ्ग–मुरज रव,
सिहरी हरी वनाली
सुन-सुन स्वन कङ्कण क्षण-क्षण
रुन-झुन मञ्जीरों के
चपल पलक, कलि झलक अलक में
रही छलकती चलती
कुल ललना खुल प्रिय-मिलनाकल,
व्यंजन कमल-दल झलती,
उन्मद सी, कविता पद-सी, वंशी—
स्वर-सी, सरसी-सी,
आपस के रस के वश, हँस-हँस
लोल कपोल मसलती"

यह गीत पृष्ठ-संख्या आठ पर उद्धृत गीत की अगली कड़ियाँ हैं। इस सम्पूर्ण गीत में एक व्यंजन की आवृत्ति के बाद दूसरे व्यंजन के प्रारंभ की अन्विति अन्तर्गठित होने से अत्यन्त अभिराम बन गए हैं सारे वर्ण। प्रतीत होता है कि वर्ण-ध्वनियाँ सागर में उठनेवाली हिलोरें हों, जो उठ-उठ गिर-गिरकर एक-दूसरे से गुंथ-गुंथ रही हों। विभिन्न वर्णों की आवृत्ति के अंक में विराजती इस गीत की पंक्तियाँ इतराति-मल्लिका-सी लगती हैं। यह देखकर मुझे कवि के श्रीचरणों में शत-शत नमनेच्छा स्फुरित होती है।

वर्णविन्यास का षष्ठ प्रकार :—

वर्णविन्यास वक्रता का यह षष्ठ प्रकार वास्तव में यमक है :—

"समानवर्ण मन्यार्थं प्रसादि श्रुतिपेशलम्।
औचित्ययुक्तमाद्यादि नियत स्थान शोभियत्॥
यमकं नामकोऽप्यस्याः प्रकारः परिदृश्यते"

व० जी० २ : ६७

रस समाहित महाकवि शास्त्री की रचना में यमक की कैसी छटा छिहर उठी है, उसके नमूने पेश हैं :—

१ उस एक वेणु के लिए वेणु-बन जलता
प्यारी परम्परा में समाज यों पलता !

राधा : प्रणय पर्व, पृ०—८८

यहाँ एक वेणु श्री कृष्ण की मुरली का अर्थ देता है, तो दूसरा बाँस का। अतः, यमक है। इसी प्रकार इन उदाहरणों पर दृष्टिपात करें :—

२ उजला दिए दिए अजिर-तिमिर चञ्चल में
कुछ शाश्वत-सा जम गया स्रोत यञ्चल में।

वही, पृ०—७३

यहाँ 'दिए दिए' में यमक है एक 'दिए' क्रिया है और दूसरा 'दिए' दीपक का वाचक है।

३ जगती में जगती तृप्ति ? स्वयं को छलती,
बुझ-बुझ तृष्णा की ज्वाला में थी जलती।

राधा : प्रणय पर्व, पृ०—८४

'जगती' शब्द की आवृत्ति में यहाँ यमक है। प्रथम 'जगती' जगत् का पर्याय है और द्वितीय 'जगती' क्रिया है।

१ पद-पूर्वार्ध-वक्रता :

सुबन्त और तिङन्त से युक्त शब्द पद कहलाते हैं। पद के दो अंग हैं :—पद-पूर्वार्ध और पद-परार्ध। पद-पूर्वार्ध-वक्रता के आठ भेद हैं :— १. रूढि वैचित्य वक्रता, २. पर्याय वक्रता, ३. उपचार वक्रता, ४. विशेषण: वक्रता, ५. संबृत्ति-वक्रता, ६. वृत्ति-वक्रता ७. लिंग-वैचित्य वक्रता और ८. क्रियावैचित्य वक्रता।

१ रूढिवैचित्यवक्रता :—

रूढ़िवैचित्य वक्रता वहाँ होती है, जहाँ कविवाच्यार्थ के रूढ़िगत अर्थ को रमणीय असभाव्य अर्थ अथवा उत्तम धर्म की अतिशयता से जोड़ देता है। यह कार्य लोकोत्तर तिरस्कार अथवा प्रशंसा को दृष्टिकेन्द्र में रखकर किया करता है। महाकवि आचार्य जानकीवल्लभ शास्त्री की काव्य-रचना से एक उदाहरण—

"राधिका कोई न नारी एक
भावना वह हृदय हारी एक

□

पत्र-लेखा

(१)

कुमुद शर्मा
(श्रीमती नलिन विलोचन शर्मा)

शांता निवास
151 आनन्दपुरी
4-8-94
West Boring Canal Road
Patna-800001

श्रद्धेय,

सादर नमन ।

कविता की फाइल में कुछ पेपर की कतरनें मिलीं । कुछ कविताएँ जो छपने की प्रतीक्षा में होंगी—भेज रही हूँ ।

ऐसा लगता है फाइल पर काम करते समय शर्मा जी को भी कुछ कविताएँ दूसरे फाइल में चली गई होंगी । अगर नजर पड़े तो भेज देंगे ।

इधर नेपाल दूतावास ने चित्रों की प्रदर्शनी के लिए आमंत्रित किया था । लौटती बार बहुत इच्छा हुई आपके दर्शनार्थ उतरूँ पर Painting के दो वृहत् क्रेट लेकर उतरना फिर आपके घर तक पहुँचना यूँही लगा जैसे Mt Evrest पर जाना । चाहते हुए भी आपके दर्शन न कर सकी ।

आपको याद होगा, मुजफ्फरपुर में मैंने अपनी कविताओं की चर्चा की थी । आपने भेजने के लिए कहा था । बहुत अंतर्द्वन्द्व के बाद अब हिम्मत जुटा पाई हूँ । अब तक वे डायरी में बन्द थीं ।

(१) ये कविताएँ अगर कविताएँ हैं तो निहायत व्यक्तिगत है । यूँ कहें हृदय के उद्‌गार किसी के प्रति ।

(२) ये कविताएँ हैं भी या नहीं ?

(३) अगर हैं तो स्तर कैसा है ?

पुनः उस चित्र का क्या किया ? वह सज्जन अलंकार के भानजे जो चित्र लेने आने वाले थे उनका क्या हुआ ?

आपसे सादर निवेदन है मुझे भ्रम में न रखें । मुझे अपने बारे में कोई भ्रम नहीं—चित्र बनाती हूँ—प्रशंसित भी होती हैं फिर भी मैं नहीं कह सकती, मैं कहाँ हूँ ? (Where do I stand ?)

यूँ अभिव्यक्ति का माध्यम पहले कलम रहा, अब रंग है। अगर अन्तर में उथल-पुथल मची हो, व्यक्ति संवेदनशील हो तो वह कुछ कहे बिना रह सकता है क्या ?

इसी में हंस मोती चुग लाते हैं--कागा वैसे ही रह जाते हैं। अब आप बताएँ मैं किस श्रेणी में आती हूँ। चित्र तो इधर के आपने देखे ही नहीं। बहरहाल अगर आपको कविताएँ अच्छी लगीं तो और भी भेजने की धृष्टता करूँगी। पर करबद्ध निवेदन है, सही प्रमाण-पत्र देंगे। अगर निम्न स्तर की है तो कहने में संकोच नहीं करेंगे। मैं आलोचक पति की पत्नी हूँ, भूलेंगे नहीं—इसलिए सहर्ष आलोचना भी शिरोधार्य है।

आप और छाया जी स्वस्थ व सानन्द होंगे इस विश्वास के साथ।

(२)

कुमुद शर्मा   पटना

२४-८-६४

श्रद्धेय शास्त्रीजी,

सादर नमन !

मेरा पहला पत्र मिला होगा। उसके उत्तर की प्रतीक्षा तो है ही, दूसरा फिर लिख रही हूँ।

बेला में आपके द्वारा लिखित इनकी कविताओं पर टिप्पणियाँ—मैं (इनके) कविता-संग्रह के प्रारम्भ में ही दे रही हूँ। पूरे विश्वास के साथ कि आप 'ना' नहीं कहेंगे।

मेरे पास बेला की पूरी प्रतियाँ तो नहीं—फिर भी जो हैं—पूरा कालिदास पढ़ डाला। बेला में प्रकाशित वर्मा जी के एक पत्र से ज्ञात हुआ वह सन् '३७-'३८ की रचना है जो धारावाहिक माधुरी में छपी थी।

कहना यह है कि कालिदास को मैंने हिन्दी के माध्यम से समझा और पढ़ा है। संस्कृत तो स्कूल तक कामचलाऊ पढ़ी थी। मेघदूत का हिन्दी अनुवाद पढ़ने के बाद चकित तब हुई जब बच्चों को भूगोल पढ़ाया। कैसा सही भौगोलिक ज्ञान था उनका !

सौन्दर्य के कवि थे कालिदास, यह भी ज्ञात हुआ था लेखों के माध्यम से। पर आपके गढ़े कालिदास के संग देश देशांतर घूम आई,

हिमालय पर विचर आई। आप यों कहें, मैं डूब-डूब-सी गई कालिदास में। आपका गद्य भी पद्यमय है। प्रशंसा के शब्द नहीं हैं मेरे पास और आलोचक तो हूँ नहीं मैं। अगर पूरा पढ़ूँ तो एक चित्र बन सके शायद !

मेघगीत भी पढ़ा मैंने। मेघ पर कई तस्वीरें मैंने भी बनाई हैं। गंगा के तट पर बैठकर उनके साथ एक रस होकर। पर वाणी में रंगों की अपेक्षा अधिक शक्ति होती है।

'अंधकार–सघन गगन आज रे' !
'सावन के श्याम घन'
'उमड़-घुमड़ घन घेर-घेर'

आपकी ये पंक्तियाँ चित्रों ने चुराई है शायद, ऐसा लगता है। बड़ी इच्छा थी कभी आप मेरे मेघ-चित्र देखते और अपनी राय देते।

यूँ रवीन्द्र नाथ की कविता 'देखा है तुम्हें चाँदनी रात में', 'एकला चलो रे', 'चाँदेर हँसी बाँध भंगेछे' या फिर कौन हो तुम मेरे अँगना में अकेली। इन पर चित्र बनाए हैं। इसके लिए जोड़ाशांकु भी गई थी। गीत बार-बार सुना, आत्मसात किया तब बने ये चित्र।

यूँ सोचती हूँ, इतने सारे चित्र जो बनते जा रहे हैं इनका होगा क्या ? या जाले लगेंगे या सड़-गल जाएंगे। बिहार में, खास कर पटने में, प्रतिभा सड़-गल जाती है, फिर बुढ़ापे में पहुँच जाती है, और मौत की प्रतीक्षा में बैठी रहती है।

मुझे इधर हल्का दौरा दिल का फिर पड़ा। बिछावन पर हूँ।

नलिनजी की रचनाओं—आलोचना, समीक्षा, कहानी, कविता का संग्रह हो गया है। सूची बनानी है, दिल्ली ले जाना है। आत्म-नदिनो, पर फिर काम करूँगी। शरीरतः कमजोर हो गई हूँ, मन से नहीं।

इस पथ का क्या होगा अन्त देव ?
इस पथ पर चलती ही जाऊँ, यदि
सबल-विहीन, शीशे-से पर से, विषण्ण
यों ही क्षत विक्षत, हताश, पयोकुल,
दिङ्मूढ़ पर बिना रुके—तो क्या होगा प्रपन्न
इस पथ का अभिलषित अन्त देव ?

क्या वहाँ होगा ठंढा पानी, मलय वायु ?
क्या वहाँ होगी बदली, क्या वहाँ स्नेह
अकृपण, स्वेच्छया योग्य, ईर्ष्या-विहीन ?
क्या वहाँ शीतल हो पाएगी मेरी क्लांत देह ?
इस पथ का क्या ऐसा होगा अन्त देव ?

काँटे कंकड़, सभी क्लेश सह लूँगी सस्मित सहर्ष,
ओठों से उफ् न कभी, आँखों से आँसू न कभी निकलेंगे,
विच्छेद, वेदना, श्रांति सब आँखों पर होगी —
इस अंतहीन से पथ को चल दूँ तो क्या आराध्य मिलेंगे,
इस पथ का क्या ऐसा होगा सुन्दर अन्त देव ?

× × ×

यदि देवता के होठ अपने खुल पड़े
उठ जाएँ उसके दो वरद कर दो श्लोक से
तो वह साधना ही क्या हुई ?

मिल जाए पथ का अन्त यदि चलते हुए,
सब गरल बन कर फूल चूमें चरण तो
किस तरह हे पांथ, यह यात्रा हुई ?

जिस वेदना का अवसान हो गया सुख में,
जो अश्रु आँखों से बहे लघुमार होकर,
उनकी कथा ही क्या हुई ?

कृपया सही-सही मूल्यांकन करें। बिना संकोच बताएँ ये कविताएँ कविता है क्या ? यों हृदय के उद्‌गार डायरी में बन्द रहते हैं। इस बार भेजने का दुस्साहस किया है मैंने। इसके पहले भी भेजी थी कुछ जिन्हें कविताएँ कहूँ ?

★

खण्डकाव्य का अग्रांश

कर्ण-प्रिया का आत्मकथ्य

सुश्री शरद सिंह

(शेषांश)

स्वयंवर !
वाह, क्या खूब था वह स्वयंवर
खूब नियमावली
खूब प्रतियोगी चुने,
भूल बैठी वह
          स्वयंवर की विधा
स्वयंवर में जनकनंदिनी के
एक अवसर
शिव-धनुष तोड़ने का
दिया गया था सभी प्रतियोगियों को
किन्तु, उसने
एक भी अवसर दिया न
कर्ण को
कर दी अवहेलना।

पर,
यह भी तो भूल नहीं पाता
मेरा नारी मन
क्यों कर विवश रही
आशीर्वचनों के बोझ तले
पंचखण्डित कर
अपनी स्त्रीत्वराशि को
त्रुटि पर त्रुटि,
हां, देखो तो कैसी-कैसी त्रुटियां —
"यह सूतपुत्र है, योग्य नहीं
इस स्वयंवर में भागी होने का।"
यह दर्प नहीं तो क्या था ?
यह त्रुटि भी तो थी
मानवता के प्रति
एक पाण्डव की खातिर
दूजे पाण्डव को ठुकराना
एक मनुज को पाने को
दूजे को शल्य चुभाना।
कहते हैं कि
प्रेम, युद्ध में सब जायज है
किन्तु यहां तो
कोई पूर्व प्रेम-प्रसंग नहीं था
युद्ध नहीं था
फिर ऊँच-नीच क्यों विघ्न बना ?
हर त्रुटि के भीतर होता है
परिणाम दुखद
निश्चय ही।
इसीलिये तो
नियति न्याय ने
द्रुपदसुता की
निजनारीत्व-राशि को
बांट दिया पांच पाण्डवों में

यह बलात् बँटवारा
पूरे जीवन का, तन-मन का
लज्जा डूबे आलिंगन का
चुम्बन और समर्पण का

कुण्ठित तो होना ही था
उसका मन
ऐसा विचित्र जीवन पा।

पर, नहीं समझौता कर पाती हूँ मैं
किसी तर्क के साथ
इस एक प्रश्न पर—
जिस नारी ने सामाजिक

ऊँच-नीच के नियमों को
कवच बनाया
स्वेच्छा का

उसने ही क्यों स्वीकार किया
पंच-पतियों के
असामाजिक आशीर्बन्धन को ?
क्यों ? आखिर क्यों ??
मानाकि

जो अग्नि बुझाती है उदर-क्षुधा
फिर वही जलाती है
इस पूरी निर्जीव देह को
पर, वह तो थी अग्नि से प्राप्ता
न कि स्वयं अग्नि
नारी थी वह, स्त्री थी वह।
नारी !
हाँ, नारी ही तो थीं कुन्ती माता
जो अपने आशीर्वाद-तले
हर पल घुटती रहीं
जीवन भर।

मात्र एक कालखण्ड
मात्र एक जीवन
और कितने विविध
चरित्र !

एक नारी में वृषाली
एक पांचाली
एक उत्तरा
एक कुन्ती
एक गांधारी

एक नाट्य की नारी-पात्र ?
नहीं,
हम सब रहीं
अलग-अलग जीवन-इकाई।

हमने अपने कर्तव्यों को जिया
अपने दर्पों-अभिमानों को
मानव-चरित पर दर्ज किया
एक सभ्यता की चरम परिणति
उसका विनाश ही होती है
हममें भी रहीं
विपरीत बुद्धि जीने वाली
सिर्फ नहीं हम ही,
शासक, गुरु, भ्राता, माता
सब ही ने तो
विपरीत बुद्धि को
पाला-पोसा
बड़ा किया
फिर छोड़ दिया
कुरुक्षेत्र के वध्य मंच पर
रक्त-फाग खेलने को
नामकरण कर उसका
"राजनीति"। (क्रमशः)

(१)

जुस्तजू जारी रहेगी…

मोनालिसा 'नूतन'

जुस्तजू जारी रहेगी
तुम मिलो या न मिलो
एक अनचाही-सी
तृष्णा
लब को शुष्क करती रहेगी
प्यासी रहूँ या न रहूँ
मेरा अपना वुजूद
तुममें। तुमसे सिमटता रहेगा
तुम रहो या न रहो
किरणें सूरज के पास
दौड़कर आती रहेगी
रात बुलाए या न बुलाए
मौत
जिन्दगी की रुह को
दबोचेगी
और
जिन्दगी फिसलती रहेगी
इंसा चाहे या न चाहे।

★

(२)

बस एक तू…

देखी मैंने
मेज के
कोने में
एक तिरस्कृत
और
उपेक्षित कविता
मैंने उसे
उठाया
पुचकारा
तो सहसा
वह कह उठी—
लिखनेवाली तो
कई है
पर
मुझे समझनेवाली
बस एक तू है… ।

(३)

मेरे मन के आँगन में…

मेरे मन के आँगन में
पदचाप सुनायी दे रहा है
यह वही पल है
जिसका मुझे इन्जार रहता है
जिसके बिना
मुझे लगता है

मेरे जीवन में
रिक्तता आ गई है
अरे हाँ !
यह तो मेरी माँ है
जो आजतक मुझे
अपनी स्निग्धता की
फुहार से
सींचती आई है
वह आएगी
और कहेगी—
बिटिया ! उठ जा
देख; आज की सुबह
तुम्हारी है ....
इसकी एक किरण की
सदा तुम
अपने पास रखना। सहेजकर
ताकि तुम्हें
कभी भी
अंधकार का बोधन हो।

★

C/o श्री सुरेश झा
रघुनाथपुरी, सीतामढ़ी।

बेला-परिवार

(१) **मोनालिसा "नूतन"**
C/o श्री सुरेश झा
रघुनाथपुरी, सीतामढ़ी।

(२) **बीरेन्द्र कुमार 'बिरेन'**
C/o श्री छट्ठू चौधरी
आनन्दपुरी, माड़ीपुर
मुजफ्फरपुर।

संवेदना शून्य

□ कवयित्री इन्दू वैद्या

बारूद के युग में
कितना हास्यप्रद होता है
अपनी मौत मरना
तभी तो न चाहते हुए भी,
हँस रहा था मैं
और मेरी हँसी मानो मेरे ही खिलाफ गढ़ रही थी
एक नया चक्रव्यूह

जिसकी गिरफ्त में फँसा
तिलमिला रहा था मैं
लेकिन आहिस्ता-आहिस्ता ठहाकों में बदल रही थी हँसी
क्योंकि, आज पहली बार
कोई अपनी मौत मरा था.
यानी कि/बन्दूक के खिलाफ छेड़ दी थी उसने
अपनी पहली जंग !!

इसलिए चिल्ला रहा था मैं
शब्द-प्रतिशब्द ऊँची आवाज में
ताकि शामिल कर सकूं/जंग में
अपनों को !!
गैरों को !!

परन्तु शब्द खामोश थे
और मैं संवेदना-शून्य

●

गां० डा० हाटकौटी-171206
जि०-शिमला (हि० प्र०)

मुक्तजी की कालजयी संस्मरणात्मक कृति 'अतीतजीवी'

समीक्षक : डॉ० शिववंश पाण्डेय

अतीतजीवी हिन्दी एवं सस्कृत साहित्य के ध्वजवाहक तथा संकीर्तनीय अधीन विद्वान श्री प्रफुल्लचंद्र ओझा 'मुक्त' की सद्य प्रकाशित संस्मरणात्मक कृति है। संस्मरण के माध्यम से संस्मृत व्यक्ति के संपूर्ण व्यक्तित्व को करा-मलकवत् बनाने की एक नयी विधा की 'ईजाद कर श्रद्धास्पद मुक्तजी ने संस्मरण-साहित्य को नयी दिशा प्रदान की हैं। ऐसा लगता है कि मुक्तजी की धारदार भाषा को पंख और भावप्रवणता को शंख मिल गया है। भावा-श्रयी हृदय-शंख से नि.सृत अमृतवाणी में सम्मोहन की अद्भुत शक्ति और अपोहन की कल्पनातीत ध्वनि है। संस्मृत व्यक्तियों के चरित्र सर्वविदित किंतु उनके भाव-शीर का संज्ञान वस्तुत: इस मनीषी को ही हुआ है और उसने इसे 'अविदितं' बना दिया है। साथ ही इनके कई वाक् 'अनृता भविष्यति।' कारण लेखक पूरी ईमानदारी से गुण-दोषों में बिना भेद किये जीवनानुभव पर आधारित तथ्यों और कथ्यों को कोरे कागज की भाँति पाठकों के सामने रख देता है। राग-द्वेष, मद-मत्सर के घात-प्रतिघातों के समक्ष कुलिशवत् आचरण उसके सुसंचित संस्कार की ही विजय है।

गद्य की आत्मनिष्ठ विधा के रूप में स्वीकृत आत्मकथा, जीवन चरित्र, संस्मरण और रेखा चित्र में आंतरिक अन्विति है। 'आत्मकथा' में अपने जीवन की, 'जीवन-चरित्र' में दूसरे के जीवन की इतिवृत्तात्मक कथा का व्यक्तिपरक और निरपेक्ष परिकथन होता है तो रेखा-चित्र' में किसी व्यक्ति के व्यक्तित्व में शब्दों द्वारा सजीवता उत्पन्न कर स्वानुभूतियों को जीते-जागते शब्दों से शब्द चित्र में बदल दिया जाता है। "संस्मरण व्यक्ति के जीवन की किसी महत्वपूर्ण घटना पर आधारित रहता है। उसकी रचना मन की किसी अनुभूति या संवेदनात्मक पीठिका पर होती है। उसके अंतर्गत वैयक्तिक जीवन अथवा व्यक्तिगत संपर्क में आये हुए अन्य व्यक्तियों के जीवन का कोई विशिष्ट क्षण, प्रहर अथवा कोई विस्तृत काल-खण्ड चित्रित किया जाता है। वह महत्वपूर्ण व्यक्तियों के व्यक्तिगत जीवन से सबंधित घटनाओं का चित्रण करता है।" इन चारों अभिव्यक्त विधाओं में सहृदयता सहानुभूति, सचाई, अनुशीलनात्मक दृष्टि, अन्वेषण वृत्ति तथा सूक्ष्म परख

की सहवर्तिता अनिवार्य है। इसलिए किसी-किसी महार्घ कृति में इन चारों विधाओं के सुमेल से बनी चाश्नी के पान की सुखद अनुभूति होती है। 'अतीतजीवी' के प्रकाशन-पूर्व तक केवल महादेवीजी की कृति' अतीत के चलचित्र' में ही ऐसी अर्हता देखी गयी थी। वैसे तो माखनलाल चतुर्वेदी प्रणीत 'समय के पाँव', सेठ गोविंददास विरचित 'स्मृति के कण', जगदीशचंद्र माथुर कृत 'दस तस्वीरें' संस्मरण कोटि के प्रशस्य अवदान हैं। संस्मरण साहित्य को श्रीसंपन्न करने वाली हाल की कृतियों में श्री उदयराज लिखित 'यादों की चादर' और आचार्य हवलदार त्रिपाठी कृत 'समय के पथ पर' को भी वरेण्य कोटि में परिगणित किया जा सकता है।

संस्मरण-साहित्य की अतूल निधि 'अतीतजीवी' में आत्मकथा की छौंक, जीवन चरित्र की धौंक और रेखा चित्र की दमक है। वस्तुतः इनके त्रिजग-संगम से विनिर्मित 'अतीतजीवी' के कायिक स्वरूप को सही नाम देने के लिए शास्त्रीय सागर का विवेक से मंथन करना होगा। फिलहाल हमें इसे एक संस्मरणात्मक कृति मानकर ही तोष धारण करना होगा।

लेखक को भी स्वयं भय था कि पाठक कहीं इसे आत्मकथात्मक कृति न मान लें, इसलिए 'अतीत-चिंतन' परिवर्त में उसने इस शंका को निर्मूल करते हुए स्पष्ट रुप से लिखा है—"आप आश्वस्त रहें, मैं अपनी आत्मकथा लिखने की धृष्टता नहीं कर रहा।....लेकिन १९१० के आरभ से, जब मैंने प्रथम भूमि-स्पर्श किया था, अब तक पचासी वर्ष बीत चुके है। समय के इस लंबे प्रसार में मैं जिन स्थितियों के साथ जिया हूं, जिन विभूतियों के निकट संपर्क में आया हूं, जिन घटनाओं का साक्षी रहा हूं, उनकी एक हलकी सी झांकी मैं प्रस्तुत करना चाहता हूं।.... इसलिए मैं वह कागज बनना चाहता हूं, जिस पर काल बिशेष की वह गाथा लिखी जाये। मैं उस गाथा का पात्र नहीं होऊँगा, उसका निमित्त हो सकता हूं।"

लघु-गुरु सोलह परिवर्तों में विभक्त इस कृति में लेखक के आत्म-चिंतन' (अतीत-चिंतन) के अतिरिक्त पंद्रह साहित्य-सेवियों के संस्मरणात्मक बृतांत तथा उनकी साहित्यिक लब्धियों के सारांग हैं। संस्मृत साहित्य-मनीषी हैं : साहित्याचार्य प० चन्द्रशेखर शास्त्री, राजर्षि पुरुषोत्तमदास टंडन, आचार्य महावीर प्रसाद द्विवेदी, पं० रामनरेश त्रिपाठी, स्वामी सत्यदेव परिब्राजक, महायहोपाध्याय पं० रामावतार शर्मा, जयशंकर प्रसाद, निराला, प्रेमचन्द, जैनेन्द्र, सुभद्रा कुमारी चौहान, बालकृष्ण राव, जनार्दन प्रसान झा 'द्विज', प० नंदकिशोर तिवारी और रामरख सिंह सहगल।

इन पंद्रह साहित्य-साधकों को ही इस कृति में क्यों स्थान दिया गया है और उनके बहुआयामी व्यक्तित्वको पूर्ण रूप से क्यों नहीं उद्घाटित किया गया है, इसकी सफाई में लेखक की सहजोक्ति द्रष्टव्य है—"पचासी साल की अवधि कम नहीं होती। व्यक्ति बूढ़ा हो जाता है और स्मृति भ्रमित होने लगती है। जिस बात को भूलना चाहो वही हठपूर्वक बार-बार याद आती है और जिसे यत्नपूर्बक याद करना चाहो, वह ऐन मौके पर दगा दे जाती है। ऐसी स्थिति में समय को, व्यक्तियों को, घटनाओं और स्थितियों को तरतीब देना कठिन होता है। सहज और स्वाभाघिम यह है कि जब, जिस रूप में, जो कुछ स्मृति-पटल पर उभरता जाये, उसे उसी क्रम में अंकित कर लिया जाये।'* (अतीतजीवी : पृ. ६) अतीत को कुरेदने के क्रम में मुक्त जी ने इसी पद्धति को समीचीन, स्वाभाविक और सुविधाजनक माना और समझा हैं।

अप– पिता श्री आचार्य चंद्रशेखर शास्त्री की छत्रछाया में ही समादरणीय मुक्तजी को इन वंदनीय विभूतियों के संपर्क सान्निध्य में आने का सुयोग प्राप्त हुआ था, इसलिए उनकी सुयश-सुरभि से संपूर्ण कृति सुवासित है। सुभाषित की भाँति इनकी सदुक्तियों एवं उपदेश-गरल की तरह इनकी कटूक्तियों ने ही मुक्तजी को बह निर्वैर जीवन दृष्टि दी है जिसके कारण आज संपूर्ण साहित्य जगत में वह श्रद्धास्पद बने हुए हैं। आचार्य चंद्रशेखर शास्त्रीजी संत कबीर की तरह फक्कड़, रविदास की तरह अक्खड़ और तुलसीदास की तरह स्वाभिपानी विद्वान थे। 'संतन कहाँ सीकरी सों काम के वह अप्रतिम उदाहरण थे। संस्कृत के प्रकांड पडित होते हुए भी वह आधुनिक विचारों के थे। "लोग उन्हें इलाहाबाद का बेताज बादशाह कहा करते थे। सभी वर्गों के लोग उन्हें अपना परम आत्मीय, अपना संरक्षक, अपना अभिभावक मानते थे। सभी उनका सम्मान करते थे।...निश्चय ही उनकी सात्विक जीवन-प्रणाली, सत्य के प्रति उनका कुलिश-कठोर आग्रह उनकी निर्भीकता, उनकी तेजस्विता, उनका तपःपूत जीवन, दोष-लेश-हीन उनका आचरण ही लोगों को उनके प्रति आकर्षित और श्रद्धा-नमित करता था।" (अतीतजीवी : पृ० ७-८) देश-विदेश में ख्यातिप्राप्त संस्कृत पत्रिका 'शारदा', 'संस्कृत-रत्नाकर', हिन्दी पत्रिका 'समाज' और 'शिक्षा' का सपादन कर उन्होंने साहित्य को नयी दिशा प्रदान की थी। 'वाल्मीकीय रामायण', 'श्रीमद् भागवत' तथा कई उपनिषदों का अनुवाद कर उन्होंने भारतीय वाङमय की समृद्धि से हम सबको अवगत कराने का भरपूर प्रयास किया था।

शास्त्रीजी की ही भाँति मुक्तजी ने अन्य साहित्य-मनीषियों के अवदानों और उनके संपर्क-सान्निध्य के अपने अनुभवों की दास्तान को सहज एवं तरंगित शैली में प्रस्तुत कर उनके कतिपय ऐसे अज्ञात पहलुओं एवं पक्षों को प्रोद्भासित किया है जिनसे हम परिचित या अवगत नहीं हैं। 'जब आचार्य द्विवेदी रो पड़े', महामहोपाध्याय पं० रामावतार शर्मा जो 'सप्तम दर्शन' और 'पंचम वेद' निर्माण की प्रतिभा, क्षमता की अर्हता से गौरवान्वित माने जाते रहे हैं, मुझे याद आते हैं 'द्विज', 'घनीभूत पीड़ा के कवि प्रसाद 'अतुलनीय जैनेन्द्र', 'पं० नन्दकिशोर तिवारी', 'हिन्दी की ऊर्जा सुभद्राकुमारी चौहान', 'जूही की कली के कवि निराला' आदि के संबंध में आचार्य मुक्त के संसर्गज समुद्गार पठनीय ही नहीं, गंभीर रूप से विचारणीय भी हैं। समुद्गार जब व्यष्टि की सीमा का अतिक्रमण कर सामष्टिक चेतना का संस्पर्श करता है तो प्रकाश से विगलित होकर वह सबके हृदय-पथ को आलोकित करने लगता है। 'अतीतजीवी' के सभी आलेख ऐसे ही सहृदय सापेक्ष है।

समानुभूति में द्रष्टा का दृश्य पदार्थ या व्यक्ति से तद्गत संबंध स्थापित हो जाता है। वह तदनुसार ही नहीं, तद्वैव अनुभव करता है। अनुभूति और कार्य-व्यापार की समानता से दोनों मनःस्तरों का एकीकरण हो जाता है। समानुभूति की ऐसी परावस्था में किये गये किसी व्यक्ति के वृत्त के पश्चनिरीक्षण में परोक्ष 'साक्षाद् इव' प्रतीत होता है। 'अतीतजीवी' के संस्मरणों में ऐसे 'साक्षाद् इव' स्थलों का अनुरेखण अनेकत्र हुआ है। स्थालीपुलाकन्यायवत् एक उदाहरण देखें—"दूसरे दिन सबेरे कोई आदमी सुभद्राजी से मिलने आया। उन्होंने बाहर ड्राइंग रूम में जाकर उससे बातें कीं। कुछ क्षणों बाद गंभीर बनी लौटी तो उन्होंने मुझसे कहा—'दस रुपये मुझे दे सकोगे?' रूपये मैंने दे दिये। वह फिर बाहर गयीं और इस बार लौटीं तो उनकी आँखों में आँसू थे। मैंने कारण पूछा तो वे आँसू झर पड़े। आँचल से आँसू पोंछते हुए उन्होंने निःसंकोच भाव से कहा—'इनके रुपये बाकी हैं, चुकाने की स्थिति अभी नहीं है। लेकिन कितना अपमानित होना पड़ता है।'' (अतीतजीवी : पृ० ६२)।

'अतीतजीवी' के सभी पात्रों के जीवनाकाश को अपने वैचारिक घटाकाश में अंतर्बद्ध करने की अपूर्व क्षमता मुक्तजी में रही है। साहित्याराधकों के संपूर्ण व्यक्तित्व को मथकर जो नवनीत सार मुक्तजी ने निकाला है, 'बूँद में समुद्र' समाहित करने की भाँति उसका वामन रूप विष्णु की महिमा से

मंडित और शक्ति से उपबृंहित है। एक बानगी देखें—"व्यक्ति के रूप में प्रसादजी बड़े सुसंस्कृत, शालीन और संयत व्यक्ति के अधिकारी थे। वह विद्वान और विनयी थे। सज्जन और सहज हितैषी थे। उनमें अपने समकालीनों को अपने साथ ले चलने और अपने से कनिष्ठ को प्रेरित-प्रोत्साहित करने की क्षमता और प्रवृत्ति थी। साहित्य की जय-यात्रा में वह अग्रगामियों के दल में थे और किसी भी क्षेत्र का अग्रगामी नये मार्ग बनाता है, नये क्षितिज ढूँढ़ता है और अपने पश्चाद्वर्तियों की सुविधा के लिए एक पगडंडी छोड़ जाता है।" (अतीतजीवी : पृ० ५८)।

तीन वर्ष की आयु से पचासी वर्ष की आयु तक साहित्य एवं साहित्य-सेवियों को जिस रूप और जिस स्थिति में मुक्तजी ने देखा है, उसे रेखांकित करते हुए उन्होंने लिखा है—"मैं कुछ लिखने बैठता हूं तो एक प्रश्न बरबस मेरी कलम रोक लेता है और मैं सोचने लगता हूं कि क्या हमारा देश सचमुच शव-पूजकों का देश है? नहीं तो क्या कारण है कि किसी भी क्षेत्र में कीर्तिमान स्थापित करनेवाले व्यक्ति को हम वह स्वीकृति नहीं दे पाते, जिसका वह हकदार था, लेकिन जैसे ही वह व्यक्ति दिवंगत होता है, हमें अचानक उसहैं वे देव-दुर्लभ गुण दीखने लगते हैं, जिसकी कल्पना शायद उस व्यक्ति ने भी न की हो।" (अतीतजीवी : पृ० ६३)। मुक्तजी की आँखों के सामने निराला प्रेमचन्द, द्विज, सुभद्राकुमारी चौहान-जैसी साहित्यिक हस्तियां जिन कारुणिक परिस्थितियों से गुजरी हैं, उनका अत्यंत मर्मातक पक्ष 'अतीतजीवी' में उपन्यस्त है। 'अतीतजीवी' का एक स्थल द्रष्टव्य है—'मैं उनके साथ उस ढाबे में आ गया, जहाँ उन्होंने नया नीड़ बनाया था। वह एक छोटा-सा पुराने ढंग का मकान था, जिसमें दरबे जैसी कोठरियाँ थीं। कमरे में एक बाँस की चारपाई, एक कुर्सी और एक गंदी-सी, छोटी तिपाई थी। वहाँ उमस भी बहुत थी।" (अतीतजीवी : पृ० ६८)

'अतीतजीवी में मुक्तजी ने उन्हीं मनीषियों को स्थान दिया है, जिनके जीवन की विशिष्टताओं को सहचर या सहयात्री के रूप में उन्होंने अत्यंत निकट से देखा है। अन्वीक्षण-क्रम में वह उनके ऐसे पक्षों के भी प्रत्यक्ष-दर्शी साक्षी रहे हैं, जिनके बारे में अधिकांश लोगों को प्रायः जानकारी नहीं है। एक उदाहरण अलम् होगा—"जिस व्यक्ति ने स्वतः टंडनजी को देखा-जाना न हो, उसके लिए इस बात की कल्पना भी कठिन है कि वह कितने सरल, निश्छल, पर-दुःख कातर और सहृदय थे। लेकिन एक ओर जहाँ

वह दयालुता और कोमलता से ओतप्रोत थे, वहीं दूसरी ओर अपनी मान्यताओं और सिद्धांतों के बारे बड़े कठोर और निर्मम थे। उनका शरीर और मस्तिष्क यद्यपि हिन्दी को अर्पित था, हिन्दी को और हिन्दी साहित्य सम्मेलन को उन्होंने अपना जीवन अर्पित कर दिया था। मैं ऐसे किसी दूसरे व्यक्ति को नहीं जानता जो उनसे बड़ा हिन्दी का हिमायती रहा हो।—हिन्दी के मामले में वह गाँधीजी और जवाहरलाल नेहरू से कभी समझौता नहीं कर सके।" (अतीतजीवी : पृ० २१)।

नैतिकता से प्रेरित सहज कर्म कर्त्तव्य है। साँस की तरह इसका सहज संपादन ही मानवीय धर्म की पहचान है। कर्त्तव्य के लिए अपने कर्त्तव्य का अनुपालन—'कर्मार्थे कर्म' ही मनुष्य की सबसे बड़ी पूर्णता है। साहित्य साधना में आजीवन लीन मुक्तजी ने 'अतीतजीवी' के माध्यम से अपने समकालीन और श्रद्धालु साहित्य-संतों के प्रति 'भवन्ति भव्येषु हि पक्षपाताः' के सिद्धांत का अतिक्रमण करते हुए अपनी भावांजलि व्यक्त कर सही अर्थों में एक परिशुद्ध साहित्य-सेवी के कर्त्तव्य का सही परिप्रेक्ष्य में संपालन किया है।

दो शब्द 'अतीतजीवी की भाषा-शैली के संबंध में कहने के लोभ का भी संवरण नहीं होता। शैली का मूलाधार शब्द है। संस्कृत की एक उक्ति के अनुसार, यदि एक भी शब्द सम्यक रीति से प्रयुक्त हो, मर्त्य और स्वर्गलोक में भी वह कामधुक होता है सकल मनोरथ सिद्ध करता है इसलिए शब्द शक्ति का ज्ञान और उसके प्रयोग की सम्यक कला शैली है। अभिव्यंजकता शब्द का प्रमाण है और संप्रेषणीयता उसकी ध्वनि। 'अतीतजीवी' में शब्दों की अभिव्यंजकता और संप्रेषणीयता दोनों समान रूप से अभिभावी हैं।

शब्दों के सहज प्रयोग और कथन के स्वाभाविक किंतु धारदार प्रवाह से जो भाषा-शैली जन्मी है, वह मुक्त की औरस संतान की भाँति उनका पल्लू पकड़े हुए है। आचार्य मुक्त के अहंतत्व या व्यक्तित्व से मीलित होने के फलस्वरूप जो भाषा बनी है, उसमें न तो अप्रचलन की काई है और न पांडित्य-प्रदर्शन का जोम। शास्त्रीय मर्याओं एवं बंधनों का अनुशासन स्वीकार करते हुए भी शब्द वक्ता के मुँह से फूल से झड़ते हैं और श्रोता एवं पाठक के मन-मस्तिष्क को अपने प्रभाव से चमत्कृत एवं रस-स्नात कर देते हैं। एक नमूना उद्धृत है—"तिवारीजी अतिमार्गी थे।—सबसे पहले मैंने

चाय बनाकर पी, तिवारीजी को पिलायी और भाभीजी के लिए भिजवायी। फिर मै रंधन-कर्म में प्रवृत्त हुआ। उस दिन ढाई या तीन बजे दिन में जब हमने भोजन किया तो तिवारीजी मेरी प्रशंसा में सहस्रजिह्व हो गये थे।" (अतीतजीवी : पृ०११३)

आठ उपन्यासों, चार कहानी संग्रहों, अनेक बालोपयोगी उपन्यासों एवं नाटकों के सर्जक श्री प्रफुल्लचंद्र ओझा 'मुक्त' की आलोच्यस्मरण-कृति 'अतीतजीवी' संस्मरण-साहित्य के इतिहास में क्रोशशिलात्मक महत्व की होगी, ऐसा मेरा दृढ़ विश्वास है।

प्रूफ-संशोधन की सहज अशुद्धियों से प्राय:मुक्त यह कृति उत्कृष्ट कोटि के कागज पर आफसेट पद्धति से मुद्रित होने के कारण पाठकों का ध्यान बरबस अपनी ओर आकृष्ट कर लेती है और एक बार इसके पन्ने उलट गये तो पाठक समाप्त कर ही बंद करेंगे, यह मेरी अनुभवजन्य यथार्थोक्ति है।✳

✳–३/१०१, न्यू पाटलिपुत्र कॉलनी, पटना-८०००१३

समीक्षित पुस्तक : अतीतजीवी, लेखक : प्रफुल्लचंद्र ओझा 'मुक्त,' प्रकाशक, आस्था प्रकाशन, बी–११६, लोहिया नगर, पटना-८०००२०, आकार : डबल क्राउन पृष्ठ सं०१२४, मूल्य : १०६ रु० प्रकाशन : जनवरी १९९५.

समीक्षक डॉ० शिवशंकर पाण्डेय बिहार राष्ट्रभाषा परिषद के पूर्व निदेशक तथा 'गहन राष्ट्रीय चिंतन' के कार्यकारी संपादक हैं !

□

डॉ० त्रिभुवन नाथ शर्मा 'मधु' की साहित्य-साधना : एक दृष्टि

□ डॉ० किशोरी लाल गुप्त

प्रख्यात कवि डॉ० त्रिभुवननाथ शर्मा 'मधु' का जन्म ६ दिसम्बर १९३२ को लखनऊ जनपद में हुआ था। यह ६ दिसम्बर १९९२ को ६० वर्ष के हो गए। यह अब बाराबंकी में बस गए हैं। अतः इनकी हीरक जयंती इस अवसर पर उनके आवास पर बाराबकी में मनाई गई। इसमें विभिन्न स्थानों से आए हुए लगभग ५० कवियों ने भाग लिया। इस अवसर पर इन्हें एक अभिनन्दन ग्रंथ भेंट किया गया। इसका सम्पादन इनकी विदुषी पत्नी श्रीमती कान्ति शर्मा ने किया है। इसका नाम है—'मेरे आराध्य : डॉ० त्रिभुवन नाथ शर्मा 'मधु' की साहित्य-साधना'। इसका प्रथम खण्ड है—'विचार दृष्टि', जिसमें सर्वश्री क्षेमचन्द्र 'सुमन', डॉ० आनन्द प्रसाद दीक्षित, डॉ० राम कुमार वर्मा, डॉ० अम्बा प्रसाद 'सुमन', डॉ० मुंशीराम शर्मा 'सोम', आचार्य जानकीवल्लभ शास्त्री, पं० श्री नारायण चतुर्वेदी, पं० सुमित्रा नन्दन पंत, श्री प्रभुदत्त ब्रह्मचारी, आचार्य विश्वनाथ प्रसाद मिश्र, पं० कृष्णदत्त वाजपेयी, डॉ० भगीरथ मिश्र, पं० परशुराम चतुर्वेदी, डॉ० रामशंकर शुक्ल 'रसाल'-जैसे प्रख्यात लेखकों के ८७ निबन्ध और कविताएँ संकलित हैं।

दूसरा खण्ड है, 'अंतरंगिका'। १४२ विद्वानों के ३३२ पत्र इसमें संकलित हैं। ये पत्र, पत्र-लेखक, साथ ही जिनको ये पत्र लिखे गए हैं उन मधु जी के, अंतरंग जीवन के चित्र हैं। इनसे दोनों के जीवन की अनेक अभिज्ञताएं प्राप्त होती हैं। साथ ही साहित्य-जगत को जानने योग्य अनेक सूचनाएँ भी प्राप्त होती है।

तीसरा खण्ड है, 'निदर्शन-निचय'। इसमें मधु जी की गद्य-पद्य रचनाओं के कुछ नमूने संकलित हैं। यह चयन अत्यन्त आवश्यक था। 'मधु' जी से पूर्णतः अनभिज्ञ पाठक भी इन्हें पढ़कर इनके काव्य के सम्बन्ध में अपनी राय बना सकता है, उसे दूसरे की राय पर आश्रित नहीं होना पड़ेगा।

ग्रन्थ के आदि में सम्पादिका-द्वारा ३४ पृष्ठों का बहुमूल्य 'वाङ्मुख' प्रस्तुत हुआ है। इसमें मधु जी के जीवन और मौलिक तथा सम्पादित ग्रन्थों का परिचय दिया गया है।

पंचात में ६ पृष्ठों की 'निर्देशिका' है, जो अत्यन्त उपयोगी है। इसमें संकलन-सूत्र का निर्देश है।

श्रीमती कांति शर्मा इस बहुमूल्य ग्रंथ के सम्पादन एवं राकेश प्रकाशन इसके प्रकाशन के लिए बधाई के पात्र हैं। यह देखकर परम प्रसन्नता होती है कि मधु जी अपने साहित्य के प्रकाशन में जितने दत्तचित्त हैं, दूसरों के साहित्य की रक्षा में भी उससे कम दत्तचित्त नहीं हैं।

निष्काम कर्मयोगी की भाँति मधु जी ने जो साहित्यिक कार्य किए हैं, उनके लिए उन्हें सम्मान अवश्य मिलना चाहिए।

★

—सुधवै, वाराणसी

'मधु' जी अपने ढंग के एक ऐसे संवेदनशील अकेले कवि हैं जो किन्हीं वादों के झञ्झावात से कभी झकझोरे न गए; किसी खेमे में कैद न रह कर उन्मुक्त चिन्तन और प्रखरतर अभिव्यक्ति द्वारा आकर्षण का केन्द्र बने रहे। षष्टि पूर्ति पर उन्हें हार्दिक बधाई।

जीवेम शरदः शतम्।

—शास्त्री

अहसास

□ संजीव कुमार

बूढ़ा विधाता तू ही बता,
ये कटु नियम है तेरा
या छद्म भेष में छुपे हुए
काले मुखड़ों का फेरा।
रवि-रश्मि धुमिल है,
अर्धरात्रि का सन्नाटा है,
दानवता बढ़ गई जगत में,
मानवता चित्कार उठी है,
जो शक्तिहीन, निर्धन, निर्बल,
बेबस पर हाथ उठाता है,
पाखण्डी कर्कश जगती में
वही विपुल यश पाता है,
जो घिरा घिनौने पापों से
वो मर्यादित कहलाता है,
है पड़ा सन्तरी बन्धन में
और चोर छुपा रह जाता है।
कहते हैं मृदुता हीं मनुज नियम है
शुभ्र पुरुष का दीप्त अंश जन-जन है
विश्वबंधुता के वायुमंडल में,
सदाचार का आडम्बर क्या कम है।
है फूल कहीं, तो काँटे,
है लूट कहीं, तो बाँटे,
अब रहा नहीं कुछ न्यारा,
है शबनम हीं अंगारा;
इस महाअतल का भाई,
कुछ थाह नहीं मिल पाता,
जो डूब गया है इसमें,
वह डूबा हीं रह जाता।
है दूर कोस भर विघ्न-तिमिर से
वही धीर है,
जो करता चूहे का शिकार नित,
अमित बहो है,
डूबे रहना छल-छद्म-रंध्र में
राजनीति है।
हिन्द के शेरों की अब यही कहानी
गिरते को नहीं उबारा,
उबरों को दिया सहारा,
निर्बल को करते निर्बल,
बल को ही देते सम्बल।
दिवस अब देता दुहाई रात की,
पुण्य की चर्चा बना है पातकी।

C/o श्री नागेन्द्र प्र० सिंह
ग्राम—जारंग डीह
पो०—जारंग ड्याढ़ी
जिला-मुजफ्फरपुर

चीनी आक्रमण के समय रचित

अपना देश

(१)

ढूँढ़ रहे सब देश दिशाएँ,
अपना देश दिगन्त है!
आदि-अन्त होंगे औरों के,
अपना देश अनन्त है!!

चौमासे भर चटक चाँदनी,
बादल पर बिजली गिरी;
ऋतु के निरख नयन कजरारे
खञ्जन की टोली फिरी।

पतझर शीतयुद्ध कर हारा,
अपना देश वसन्त है!
ढूँढ़ रहे सब देश दिशाएँ,
अपना देश दिगन्त है!

चील तोलती है अपने पर,
गहरा गगन समुद्र-सा
चोंच मिलाते पंछी तरु चढ़
पंथी पथ पर क्षुद्र-सा;

बाने बने अमन के, अपना—
देश साधु है, सन्त है!
ढूँढ़ रहे सब देश दिशाएँ,....
अपना देश दिगन्त है!

प्यास चमकती है दृग-दृग में
मृग मरीचिका में पड़े,
बब्बर-शेर छिपे माँदों में
हैं बाहर व्याधे खड़े,

भगदड़ मची विश्व में, अपना—
देश सिन्धु, हिमवन्त है!
ढूँढ़ रहे सब देश दिशाएँ,
अपना देश, दिगन्त है!

वेला १०५

हिमालय के प्रति

(२)

ठंढे-ठंढे देख हिमालय
खून हिन्द का गर्म है !

तेरी निर्मल नीरवता में सभी मुखर मुख बोलते,
तेरी ऊँचाई के साये सबके मन में डोलते,
तेरी शुभ्र ज्योति में सबके प्राण-विहग पर तोलते,
तेरे हिम के खण्ड पूर्णता आत्माओं में घोलते,

काले हथियारों को तेरी
उजली स्थिरता वर्म है !
ठंढे-ठंढे देख हिमालय,
खून हिन्द का गर्म है !!

तेरी गङ्गा-यमुना से करुणा की उमड़ी धार है,
तेरे भूर्जपत्र पर अंकित अखिल बिश्व का प्यार है,
देवदारु का स्तम्भ सुगन्धित सर्व-धर्म-आधार है,
तेरी गहन गुफाओं में आत्मा की ध्वनित पुकार है,

शीतल अनल-शिखा ने भर दी
उसके दृग में शर्म है !
ठंढे-ठंढे देख हिमालय,
खून हिन्द का गर्म है !!

और नहीं तो भला लांघते अनुल्लङ्घ्य को बुद्ध क्यों ?
देश देश संदेश भेजते सरल शान्त औ' शुद्ध क्यों ?
रघु के, अर्जुन के ये वंशज नहीं ठानते युद्ध क्यों ?
वंश-पत्र से छनी धूप पर बिजली होती क्रुद्ध क्यों ?

प्रभुता का मद घटता-बढ़ता,—
तू बतलाता धर्म है !
ठंढे-ठंढे देख हिमालय,
खून हिन्द का गर्म है !!

की सदियों रखवाली, अब हम खड़े कि अपने पाँव पर,
नक्काशी करते किरणों की फैली-फैली छाँव पर,

टेढ़ी नजर किसी की पड़ती अगर नगर पर, गाँव पर,—
मचती होड़, लगाये पहले प्राण कौन इस दाँव पर,

कायरता से हिंसा अच्छी,
—यही अहिंसा-मर्म है !
ठंडे-ठंडे देख हिमालय,
खून हिन्द का गर्म है !!

यह भी हमें बताना होगा, कौन गया पथ भूल है ?
सूरज-चन्दा की आँखों में कौन झोंकता धूल है ?
लहर-लहर बतला सकती है कौन बदलता कूल है !
जहाँ लोटतीं स्वर्ण-बालियाँ वहाँ उगाता शूल है !!

गला काटकर गले लगाता,
किसका लोहा नर्म है ?
ठंडे-ठंडे देख हिमालय,
खून हिन्द का गर्म है !

तू रक्षा का देव-सरीखा, स्वयं अरक्षित हो गया,
जहाँ उड़ें थे राजहंस, गीधों का उतरा दल नया,
हुआ शान्ति का सीना छलनी, मूर्च्छित मानवता, दया,
ठाट-बाट में कहीं बिक गयी चीनी-सी शर्मोहया !

बता, समझना होगा अब भी,
क्या अकर्म, क्या कर्म है ?
ठंडे-ठंडे देख हिमालय,
खून हिन्द का गर्म है !

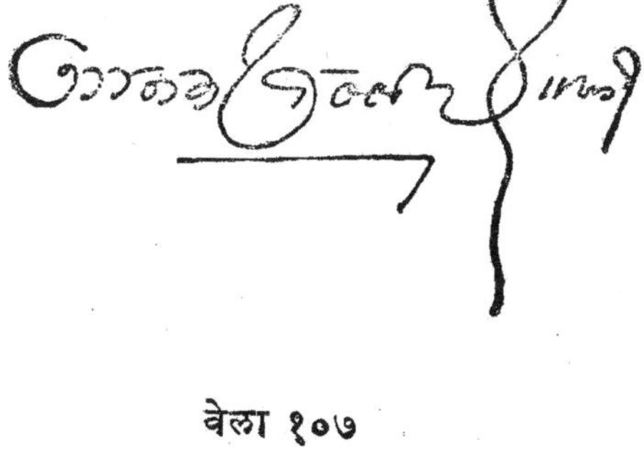